书山有路勤为径，优质资源伴你行
注册世纪波学院会员，享精品图书增值服务

# 自律的力量

## 5 分钟自控力训练

[美]彼得·霍林斯（Peter Hollins）———— 著　　海猫君　陈阳 ———— 译

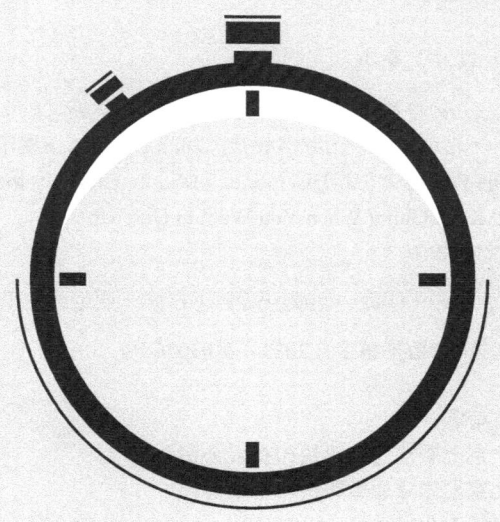

# The Power of Self-Discipline

5-Minute Exercises to Build Self-Control, Good Habits, and Keep Going When You Want to Give Up

電子工業出版社
Publishing House of Electronics Industry
北京·BEIJING

The Power of Self-Discipline: 5-Minute Exercises to Build Self-Control, Good Habits, and Keep Going When You Want to Give Up by Peter Hollins Copyright © 2021 by Peter Hollins
Simplified Chinese translation edition copyright © 2023 by Publishing House of Electronics Industry.
All rights reserved.
Simplified Chinese translation rights arranged with PKCS Mind, Inc. through TLL Literary Agency.

本书简体中文字版经由PKCS Mind, Inc. 授权电子工业出版社独家出版发行。未经书面许可，不得以任何方式抄袭、复制或节录本书中的任何内容。

版权贸易合同登记号　图字：01-2022-3383

图书在版编目（CIP）数据

自律的力量：5分钟自控力训练 /（美）彼得·霍林斯（Peter Hollins）著；海猫君，陈阳译. —北京：电子工业出版社，2023.3（2025.8重印）
书名原文：The Power of Self-Discipline: 5-Minute Exercises to Build Self-Control, Good Habits, and Keep Going When You Want to Give Up
ISBN 978-7-121-44967-3

Ⅰ.①自… Ⅱ.①彼… ②海… ③陈… Ⅲ.①自律—通俗读物 Ⅳ.①C933.41-49

中国国家版本馆CIP数据核字（2023）第030368号

责任编辑：宫雨霏
印　　刷：北京七彩京通数码快印有限公司
装　　订：北京七彩京通数码快印有限公司
出版发行：电子工业出版社
　　　　　北京市海淀区万寿路173信箱　　邮编：100036
开　　本：880×1230　1/32　　印张：5.5　　字数：105千字
版　　次：2023年3月第1版
印　　次：2025年8月第7次印刷
定　　价：65.00元

凡所购买电子工业出版社图书有缺损问题，请向购买书店调换。若书店售缺，请与本社发行部联系，联系及邮购电话：（010）88254888，88258888。

质量投诉请发邮件至zlts@phei.com.cn，盗版侵权举报请发邮件至dbqq@phei.com.cn。

本书咨询联系方式：（010）88254199，sjb@phei.com.cn。

## 第一章　精神大于物质　/ 001

自律的五大精神障碍　/ 008

与你作对的大脑　/ 012

时间定向　/ 020

由你决定　/ 026

## 第二章　理解循环，打破循环　/ 033

懒惰的循环　/ 035

无益的假设或编造的规则　/ 037

日益增加的不适感　/ 040

找借口　/ 041

回避活动　/ 042

消极的后果和积极的结果　/ 043

打破循环　/ 049

进一步考虑的事项　/ 062

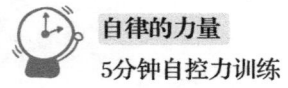
自律的力量
5分钟自控力训练

## 第三章　是还是否？　／071

## 第四章　自律背后的神经心理学　／097

找出你在哪里　／098

将自律特质带入生活　／102

持久激励和自律的不变原则　／112

## 第五章　日常习惯　／129

制作公式　／132

如果–那么语句　／138

了解你的自律风格　／143

利用同伴压力　／147

控制你的冲动　／152

## 摘要指南　／163

# 第一章

## 精神大于物质

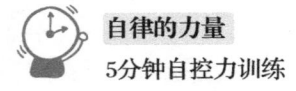

**自律的力量**
5分钟自控力训练

　　罗莎（Rosa）在八岁时看了《回望未来》（*Back to the Future*）后便迷上了电影，她立志要当一名电影导演。从那以后，她再也没有其他的抱负，她一直牢记自己的导演梦，即使在接下来的二十年里，除了成为一名狂热的电影观众，她从未朝着这个目标有过任何实质性的前进。

　　她对电影神秘的幕后故事的了解是首屈一指的。无论有没有花时间看过这些电影，她都会花时间在互联网和历史书上阅读有关这些电影的资料。如果能上电视节目《危险边缘》（*Jeopardy*），她一定会成为一名蝉连的冠军。罗莎读过她最喜欢的所有导演的许多本传记：斯皮尔伯格的、黑泽明的、费里尼的、宫崎骏的……

　　然而，她从未将这些研究、知识和信息转化为行动。她家里有一台相当昂贵的摄像机，被她束之高阁，拥有相同待遇的还有一套她只用过几次的电影剪辑软件档案。这些做法都太让人不安与困惑了。此外，她觉得如果自己的知识和准备都不够，注定不能成为一名导演，那该怎么办？避重就轻并保持无所作为会更容易。至少，了解了费里尼和宫崎骏最喜欢的电影，让她在某种程度上很有成就感，尽管这种做法只是掩耳盗铃。

　　有一天，她发现一位熟人开设了YouTube频道，很快便积累了数百万的点击量。出于好奇，她开始观看这些视频，并被

# 第一章

精神大于物质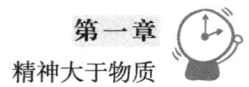

所看到的内容震撼。这不是艺术——镜头的边框不够，焦点错了，叙述结构颠倒了！

然而，随着观看次数的持续增加，似乎没有一个观众在意。更重要的是，这些视频的评论都很振奋人心。没有人关心画面和焦点。不能忽视这样一个事实，那就是这个人做的比罗莎多得多，而知识和专业技能却少得多。因此，罗莎做出了一个戏剧性的决定。如果她能做到，为什么罗莎不能？

在接下来的四个月里，她将不惜一切代价，朝着成为一名真正导演的目标迈出坚实的步伐。她曾一度放弃了真正想做的事，而现在是时候认真工作、继续前进了。她不会再退回到舒适区；她将通过纯粹的意志力和自律将梦想变成现实。她已经有了知识储备，现在万事俱备，只欠东风。

她先把自己的时间分成两类：学习时间和练习时间。

在学习时间里，罗莎有条不紊地研究如何写剧本、组织情节，以及知名导演们用什么方法来获得他们想要的镜头。在练习时间，她尝试了不同的镜头和角度，写了几个场景，并改变了视角和故事情节，看看哪个效果最好。她不再花很多时间看她以前看过几百次的老电影的评论，也不再担心不能正确使用她的设备而让它们在壁橱里积灰尘。有一段时间，罗莎充满了能量和热情，终于可以为她坚持了这么久的梦想而行动了。

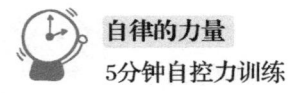

在四个月的最后那天，罗莎开始拍摄电影。她找到了几个为换取比萨而愿意工作的当地演员。她自己就是摄影师。她的表弟是一个不错的助手，她的狗成了她的道具。完成后，她把它放到了网上，获得了几百次点击量，其中大部分来自家人和朋友。罗莎不是一个专业的电影制作人，但这是她把愿望变为现实的旅程中的一步。

此后，她承诺每个月完成一部短片。很快，她声名鹊起并成为业内拍摄速度最快、知识最渊博的导演之一。不到三年，她的一部短片进入了电影节的评选，这是她刚刚起步时做梦也想不到的事情。虽然没有获得任何奖项，但她仍然获得了认可，并开始能够通过童年的导演梦想来养活自己。

突然有一天，似乎罗莎回顾了她所做的工作，并对自己走了这么远感到由衷高兴。她已经做到了（或者更确切地说，她正走在行动的道路上，并且会继续走下去）。尴尬的第一次尝试、早期的失败和学习过程的曲折几乎从她的记忆中消失了，她感到自豪，很有成就感，对自己的能力也充满信心。她还要做得更多，走得更远。

有人可能会说罗莎很幸运。也许其他一些电影爱好者从未真正实现过从"思考"到实际行动的飞跃。这在一定程度上是正确的——但如果罗莎没有做出决定，全心投入她多年来回避

# 第一章
## 精神大于物质

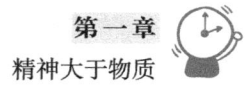

做的事,她将永远不会如此幸运。

那么,是什么让罗莎成了一名成功的导演?

是她及时意识到,她需要给自己一份自律的礼物。她知道,她想要的任何东西都在一扇门的后面,只有自己才能打开它,没有其他人能为她做这件事。没人能推她进那扇门,也没人能帮她打开它。她如果什么都不做,将永远停留在错误的一边,虽然心怀梦想和希望,但永远不会接近她内心深处渴望的东西。

她改变了习惯,开始有条不紊地思考,并将自己的想法付诸实践。当她的首次尝试遭遇困难时,她没有急于求成,也没有灰心丧气。她不再接受没有挑战和痛苦的生活方式,面对艰难困苦,她始终坚持自己的目标。她没有像多年前那样,在想放弃的时候就放弃。她把自己的目标置于暂时的不适感之上。在某种程度上,她不再接受无所事事,为目标奋斗才是她的最终选择。

自律、意志力、自制力、"精神大于物质"——不管你怎么称呼它,这就是罗莎所唤起的,也是本书的主题。这是一个我们曾极力避免的经历,只有这样我们才能快乐。

即使你现在不会立刻相信,罗莎并没有你没有的超能力。如果这看起来很难,那么的确如此。与罗莎为克服自我怀疑与

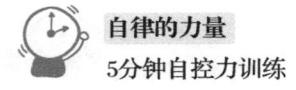

**自律的力量**
5分钟自控力训练

自卑曾做出的努力相比，你此刻对成功的幻想其实并没有更容易。我的意思是，如果她能做到，那么你也能做到。

从表面上看，这很容易解释：确保我们按照自己的意图行事。它意味着将我们的意图和行为聚焦在一个明确的方向上，以过上想要的生活。它代表了无论在什么情况下我们做想做的事的能力。我们在智力上和逻辑上都知道这才是通向目标的必经之路。

那么，为什么罗莎等了很多年才采取行动？为什么这对我们很多人来说都那么难？

自律并将精神与行动相匹配，这两件事都需要我们的精神参与其中。行动并不是问题，因为我们的胳膊和腿通常听从支配，它们不会被迷失的精神拉向不同的方向。即使它们第一次不听我们的话，我们也可以用身体迫使它们服从。然而，精神——你的想法、意图和期望——很难被扭曲和强迫。

想想看，大多数冥想和正念练习的目标是消除所有精神上的杂念，专注单一的想法，或者专注身体的感觉，而根本不去思考。控制和掌握我们的精神是对抗压力和焦虑最好的武器。可以说，掌控我们的精神并将其转化为行动是生活中最难实现的成就之一。

行动起来！别想着穿着芭蕾舞短裙的紫色大象。我的告诫

# 第一章

精神大于物质

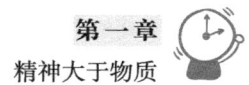

起作用了吗？你现在没在想象大象站在草地上的情景了吧？它的耳朵很大，穿着一件白色的透明芭蕾舞短裙。你成功地阻止自己想象它的躯干和粗腿了吗？大概没有吧。这就是为什么精神是如此难以击败的野兽。

无论如何，自律在你的内在与外在现实之间创造了一条清晰的路。

事实上，无论回报是否来得及时，回报通常都是如此遥远，以至于你此刻甚至无法理解它们。有时候进步如此缓慢，以至于人们很难判断出自己与之前有什么不同，而人们如果看不到自己在变得更好，那么可能倾向于选择放弃。无论何时，精神都容易被情绪、应激事件或其他破坏性思维模式所"劫持"。

这只是我们从意图到行动的奋斗道路上的一个例子。不管初衷有多美好，你的精神就是不在乎。它必须被引导、被构建，你甚至需要诱使其遵守规则，这就是你将在本书中所学到的内容。

确切地说，本章主要讲述了我们在形成自律精神方面所面临的各种障碍。

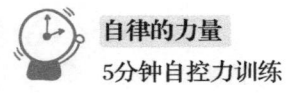

**自律的力量**
5分钟自控力训练

# 自律的五大精神障碍

是什么阻碍了我们实现强烈的自律？一组特别具有说明性的障碍来自哲学。

事实上，有些哲学宣扬我们天生就有能力做我们想做的事情，并在任何时候都感到满足。然而，我们把这些掌控感让给了我们外部的人或物；我们把自己的权力让给了我们认为更有力量的外部力量。我们说"我不能"、"我不应该"或"我不会"的次数比"我们应该"更多。类似的话语如此之多，以至于我们认为与这些力量抗争是徒劳的，这样我们便失去了对自己的控制。换句话说，当我们告诉自己没有自律时，便果真会如此。

因此，缺乏个人力量是虚幻的。要夺回这种力量或许很难，但这显然是自律的第一步——相信它的可能性，也相信它尽在掌控之中。

通往自律的过程还部分在于：了解自己是如何被阻碍而无法训练控制自己的。这一过程尽管可能无法揭示全貌，但其中至少有五个方面可以涵盖大部分人因为无法掌控自身生活而产生恐惧的根源。如果你刚了解到自己在自律方面的不足之处，那么这五个方面对于你开始自我审视将会很有帮助。如果你是

# 第一章
## 精神大于物质

一位头发花白的老兵，正在寻找新的方法，这五个方面将会为自律这个老话题提供新视角。以下就是这五个方面，即五种精神障碍：

- 屈服于五种感官。
- 敌意和恶意。
- 冷漠和懒惰。
- 焦虑和悔恨。
- 犹豫和怀疑。

**屈服于五种感官。**当我们被周围的客观环境分散注意力时，自我精神的掌控权就被篡夺了。我们把太多的注意力和重要性放在视觉、听觉、嗅觉、味觉和触觉的信息上——无论是身体之美，还是新鲜烘焙面包的香气；无论是一首美妙的情歌，还是可怕的暴力场面。我们允许这些感觉压倒自己，取代有意识的想法和目标。

我们的感官带给我们对外部世界最直接的理解。毫不夸张地说，它们帮助我们定位和理解自己。然而，我们过于夸大了感官的重要性，因此忘记了我们有最终的掌控权。我们的感官从世界上收集数据信息，但是要为这些数据分心、依赖它甚至迷失其中，还是即便有过短暂的感觉，我们依然能在任何刺激下保持冷静、专注的自我意识，这取决于我们自己。

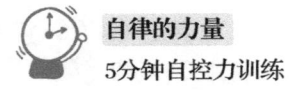
**自律的力量**
5分钟自控力训练

我们中的许多人只相信感官体验，或者至少在寻求自我满足时，我们让它们占据了我们的注意力。我们忘记了自己。我们的注意力就像一个脆弱的气球，被任何一阵微风吹过都会让它改变方向。感官信息本质上是即时的满足，但并不是每件事都是有益的，有的甚至不值得我们关注。我们有权利做出选择。

为了自律，我们需要将感官信息放在适当的语境中：允许我们沉浸在感官中并充分体验，但也要意识到它们是暂时的、分散注意力的，最终会是障碍。

**敌意和恶意。** 情绪有能力完全打消我们自律的念头，而愤怒是最强烈的情绪之一。人们善于在不知不觉中将所有与愤怒相关的情绪，如怨恨、苦涩和敌意等，变得根深蒂固，并融入他们的思维模式。恶意的破坏力不仅仅是别人对我们做了什么——还可能在内疚或自我厌恶等行为中指向我们自己。它们有能力破坏我们所有的想法，让我们在愤怒中几乎盲目。

我们纠结于过去那些有失公允的错误对我们造成的伤害：让人心碎的前任、毫无正当理由便解雇你的前公司，或者配错菜的免下车餐厅。这些感觉激发了冲动，让我们想报复或惩罚那些"对我们做错了事"的人或机构。往好处说，这是在消耗资源，往坏处说，这是在自我破坏。当采取行动以表达敌意和

# 第一章
精神大于物质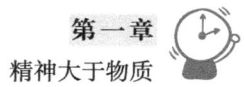

恶意时，你肯定无法达成目标。

**冷漠和懒惰。** 简单的行动通常并不可取。人们需要做很多工作。对于许多人来说，让自己的身体通过关闭感官来回避持续的脑力和体力活动是更容易的。在这个世界上，无论付出什么代价，他们都无法应付，最终的结果就是冷漠和懒惰。这可能是你非常熟悉的一种心理障碍。

人类倾向于选择障碍最少的道路，并会在任何可能的情况下寻找它。问题是，当这成为一种本能的行为习惯时，相应地，人们也无法在必要时摆脱它。

**焦虑和悔恨。** 就像愤怒一样，焦虑有能力完全打消你更有成效的念头。

前面提到的三个障碍说明了一个人是如何被内心的想法束缚住的——但是焦虑会导致你精神上过度活跃、做得太多。焦虑是对糟糕或不太完美的结果的恐惧，会导致不安和担忧，使人不堪重负、担心，最终事后悔恨。如果被恐惧压倒了，你还怎么能正常工作？很明显，不做是更安全的。与安全和保险相比，自律被降格为最后的选项。

**犹豫和怀疑。** 如果你认为这一切都是徒劳的，那你为什么要自律呢？对于那些在怀疑、缺乏自尊或没有安全感中挣扎的人来说，自我质疑可能是一个最容易让人打退堂鼓的因素，远

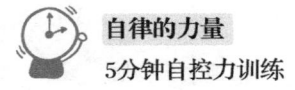
**自律的力量**
5分钟自控力训练

远超过了内省的力量。"我不知道我能不能做到。""我做得对吗？""不管怎么说，这有什么意义呢？""这到底是怎么回事？"——所有这些都成了采取自律行动的障碍。

这些问题间接地指向了做任何事情的理由，并给这些事情增加了足够的不确定性，以至于你可能并没有遇到多大的困难就放弃了——与自律的人的做法恰恰相反。

计划并克服疑虑是恢复自律的关键。遗憾的是，这并不像自我意识那么简单，你将在下一节中学到这一点。虽然通过停止或停顿能克服某些精神障碍，但我们还是需要了解更深层次的生物学问题。

## 与你作对的大脑

即使无法在日常生活中做到自律，人们也无法否认它的重要性。

任何有一定生活经验的人都知道，良好的自制力和意志力能让人事半功倍。人们即便自己无法表现出自制力，至少也看过关于成功人士的例子，并一致认同有自制力的人似乎会比没有自制力的人收获更多。

在生活中试图做到自律时，我们为什么还要和自己的兴

# 第一章
## 精神大于物质

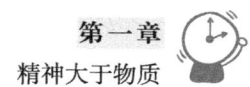

趣抗争？只是我们不想吃蔬菜吗？不完全是。遗憾的是，一个主要原因也是直接或间接导致这五种精神障碍的更普遍原因是——大脑本身。

大脑是一个网络。它基本上是由神经细胞或神经元组成的。这些神经元通过化学反应相互交流——一根神经纤维中的冲动被激活，然后转化成一种化学物质，经过传递被另一根神经纤维接收。这一过程，每天要进行近万亿次，基本上控制着我们每天的所做、所说或所想。

这种用来传递的化学物质被称为神经递质，不同的神经递质负责与大脑进行不同的交流。准确地说，我们的思想和反应是由这些化学物质决定的。自律特别依赖一种特定的神经递质：多巴胺。

多巴胺是影响大脑愉悦和奖励中心的物质之一。换句话说，当我们体验某种快乐或奖励时，多巴胺通常是它的根源，即多巴胺释放得越多，我们感受到的快乐就越多。多巴胺的释放发生在愉快的活动期间和之后——比如当你吃了十几个甜甜圈时，你感受到快乐；当你在健身房完成了一次很棒的锻炼之后，你也能感受到快乐。然而，多巴胺也会在对快乐或奖励的预期中释放，这种预期与自律直接相关。

多巴胺破坏了自律。

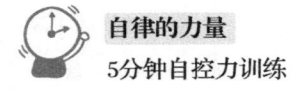
**自律的力量**
5分钟自控力训练

　　事实是，我们都是多巴胺"瘾君子"。我们现在就想要它，而且越快越好。我们的大脑渴望它，它的作用十分重要，它可以控制我们行动的开始与结束。这一特点使我们很难忽视即时可得的多巴胺，而不太喜欢延迟获取的多巴胺，哪怕延迟获取的多巴胺随后会明显增加，也同样如此。即使明明知道什么更有益，但如果现在能吃上块蛋糕，谁还会选择去健身房？

　　多巴胺是我们追求的东西，这使得我们受制于最著名的人类行为理论之一——愉悦原则。它如此出名是因为它通俗易懂。早在亚里士多德（Aristotle）时期的研究人员就已经注意到，人们很容易被快乐和痛苦所操纵，最早提出愉悦原则的是精神分析之父西格蒙德·弗洛伊德（Sigmund Freud）。

　　愉悦原则认为，人类的大脑会尽其所能地去寻找快乐、避免痛苦。它不思考、不分析，就像一只盲目的动物，急切地朝着它感到有更多快乐和更少痛苦的方向奔去。它没有任何克制的意识。它是原始的、未经过滤的。没有比这更简单的了。

　　愉悦原则的几条规则为：

　　我们做的每一个决定都是为了以某种方式获得快乐或避免痛苦。你可能听说过关于世界上没有真正的利他主义和无私行为的争论。按照愉悦原则，的确没有。即使给慈善机构捐款也会在某种程度上带来快乐或避免痛苦。无论我们在一天中做什

# 第一章
## 精神大于物质

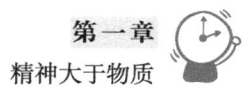

么，归根结底都是在实践愉悦原则。你理发是因为你认为这会让你对别人更有吸引力，这会让你快乐，这就是乐趣。

相反，当你使用喷灯时，你会戴上防护面罩，因为你想避免火花飞到你的脸上和眼睛里，因为那会很痛。如果追溯所有的决定，无论是短期的还是长期的，你都会发现它们源于一些快乐或痛苦。

**自律推论：** 做我们需要做的往往是痛苦的、没有乐趣的，所以我们不做。

相比于获得快乐，人们为了避免痛苦会更努力地工作。人们的行为会更倾向于回避痛苦，而不是追求快乐。例如，在危险情况下的求生本能要比吃最喜欢的糖果更迫切。你会选择避免脸上挨一拳，而不是喝最喜欢的威士忌。

**自律推论：** 放弃通常比坚持不懈要少一些痛苦。因此，我们放弃了。

比起真实情况，对快乐和痛苦的感知更能激发我们的驱动力。当大脑在判断一次快乐或痛苦的经历时，它是根据场景来判断的，而大脑假定这种场景通常是一系列行动所带来的结果。有时，这些场景可能是有缺陷的。事实上，它们大多是不完美的。

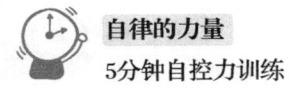

**自律的力量**
5分钟自控力训练

例如，你可能恐高。跳伞自然是你最可怕的噩梦。不管怎么说，我也有同感。

你可能对那种感觉没什么概念。你可能从未去蹦极过，甚至从未坐过过山车。也许，你站在两层楼的阳台上是测试自己是否恐高的最高限度，但是一想到从飞机上跳下来，就会感到恶心。你能想象失重带来的濒死感。你甚至能想象自己真的会死。

然而，你并未实践过。你所拥有的一切都是感知和假设，这足以将跳伞的痛苦最大化。顺便说一句，跳伞的事故率低得令人难以置信，而且只需几分钟就能完成。你的大脑却总是在做最坏的打算。

**自律推论：** 陌生滋生恐惧，而恐惧滋生回避，所以你避免行动。

快乐和痛苦都会随着时间的推移而改变。一般来说，我们关注的是当下：我能很快得知什么能带来快乐，什么会让我痛苦，而这正是我要避免的。即时性是王道。现在的一美元比一个月后的五美元更有吸引力。

从现在起几个月或几年后可能发生的快乐和痛苦并没有真正让我们产生共鸣——最重要的是发生在我们家门口的事情。

# 第一章
## 精神大于物质

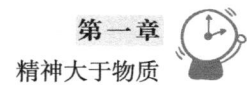

如果我们停留在此刻,这肯定无助于我们规划未来。

**自律推论:** 我们寻求的收益很少立竿见影,往往越是长期的收益,收益率越高。然而,我们被困在现在,所以我们会避免采取行动。

情感胜过逻辑。当谈到愉悦原则时,感觉往往会盖过理性思维。你可能知道,做某事对你有好处也有坏处。你其实明白它是好是坏的所有原因。你心里什么都清楚。

随后,一种情感冲动呼啸而来,并咆哮着:"那又怎么样?!"你无法控制火山的力量,即使你知道它在你的控制范围之内也是如此。损失一美元本身可能是不好的,但当你在这一损失中加入情感时,它就不再只是关于美元的了,而是更多的关于美元可能代表的一切,之后你就会开始走下坡路。

**自律推论:** 逻辑控制我们的行为,就像我们不愿意相信的那样多。

在这一点上,你应该注意到,愉悦原则是自律的主要破坏因素之一。从生物学上讲,我们总是最关心当下,而不会超前思考——从本质上讲,这与自律所关注的恰恰相反。这与延迟满足很难实现的原因是一样的。然而,我们可以通过改变我们对快乐和痛苦的思考方式来绕开这一点。

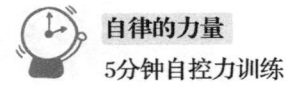

**自律的力量**
5分钟自控力训练

在追求自律的过程中,我们要在每一项长期职责或义务中增加快乐,减少痛苦。我们可以采取一系列措施从战略上做到这一点。

(1) **决定你想要什么**。你自律是为了实现什么目标?它可以像多锻炼一样简单。

(2) **盘点你的痛苦和快乐**。你可以充分运用愉悦原则的各个方面。下面是你要做的事情:

- 拿出两张纸。在每一页的中间画一条线。
- 在两页左栏的顶部写下"避免的痛苦"。
- 在两页右栏的顶部写下"获得的快乐"。
- 现在,在其中一页的中上部写下"自律"。
- 在另一页的中上部写下"不自律"。

现在你可能知道我们在干什么了。你要列出当你朝着实现目标迈出一步或决定不这样做时,你期望经历的痛苦和快乐。为了从心理上激励自己,你要增加与不自律相关的痛苦,以及与自律相关的快乐。这可能看起来很简单,但这是一种新的视角和洞察力,你可以用它来对抗冲动。总结一下现实中发生的事情,就可以帮助你平息冲动。

例如,让我们拿多运动的目标为例先来说一说"不自

# 第一章 精神大于物质

律"。它可能看起来像这样:

| 不自律:不去做更多的运动 ||
|---|---|
| 避免的痛苦 | 获得的快乐 |
| 在健身房里感到尴尬和羞愧 | 更多看电视的时间 |
| 肌肉酸痛 | 更多的空闲时间 |
| 支付健身房费用 | |

现在,让我们为"自律"制作一张表格:

| 自律:去做更多的运动 ||
|---|---|
| 避免的痛苦 | 获得的快乐 |
| 感觉懒散 | 感觉自信 |
| 约会时缺乏吸引力 | 充满魅力 |
| 高血压 | 在真实世界中具有力量 |

在每个场景中尽可能多地列出痛苦和快乐之处。诚实地对待自己,尽可能多地思考自己的潜力。你应该对自己的目标和抱负有一些清晰的了解——更不用说对希望和恐惧了。

(3)把天平向对你有利的一方倾斜。这部分关乎创造力的发挥。拿起"不自律"的表格,把痛苦降到最低。它们是次要的,是微不足道的。说服自己,这些小事不应该对你有如此大的影响。可以说,应把天平向对你有利的一方倾斜。

现在,在"自律"这张表格上,放大其中的乐趣。不妨想

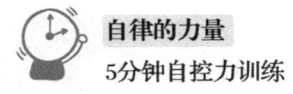

象一下，这些情况中的每一种都会变得无比奇妙。想一想每一项都可能产生的最好的结果。抓住积极的可能性，并发挥其作用。仅凭积极想象就可以产生少量的多巴胺，请不要对此感到惊讶。

这些表格不仅是一份清单，它还是加强自律的核对表。你刚才所做的就是进行了一次非常切实的成本-效益分析，这就是你采取行动的核心。与其等待我们的"史前"大脑因为没有馅饼或电视而破坏我们的努力，我们不如在多巴胺的问题上略微倾斜天平，引导大脑为我们工作，而不是反对我们。

# 时间定向

对生活中自律程度的另一个影响因素是我们与时间的关系——这种关系并不在于我们如何做计划或"腾出时间"，而在于我们如何反思和行动，并在过去、现在和未来的思维基础上做出反应。

在斯坦福大学教授菲尔·津巴多（Phil Zimbardo，因斯坦福监狱实验而闻名的教授）的著作《时间悖论》（*The Time Paradox*）中，每个人都可以用这三种方式中的一种来看待时间：过去、现在和未来。我们的心理倾向于用最适应的方向来

# 第一章
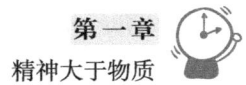
精神大于物质

建构自身的经历。简而言之，我们中那些深陷怀旧的人和那些不断寻找下一步生活的人之间存在实质性的差异。

无论自身的心态会反映出我们拥有什么时间取向，它都与我们如何期待和计划奖励有关，并且会影响我们的自律程度。更具体地说，我们对现在和未来的态度起着直接的作用。

过去导向的人根据历史信息或回忆做出所有的决定，从这个定义上来看，他们通常与当前的情况或事件分离。困在过去的人认为创新和改变没有意义，他们以怀疑、鄙视甚至偏见的眼光看待它们。他们的思想几乎是不活跃的——这不利于自律。他们会说："嗯，这就是我过去做的事情，所以我会继续这样做。"然而，这种想法是不多见的，我们会花更多的时间讨论现在导向和未来导向这两种类型的人。

现在导向的人主要生活在"当下"。他们的感官通常会对当下的情况做出最强烈的反应。他们的思维往往非常具体，选择将自己定位于"现在是什么"，而不是过去发生的事情或未来可能发生的事情。拥有"当下"心态的人可以进一步细分为两个截然不同的阵营：一类人拥抱当下的可能性（我们称之为"享乐主义者"）；另一类人不喜欢当下但觉得自己别无选择，只能生活在当下（我们称之为"宿命论者"）。

现在导向的享乐主义者会在当下寻找机会，并乐于沉迷

021

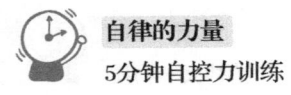

于身边正在发生的事情。他们参加聚会，在陌生的地方进行冒险，或者不断地与社会互动。他们乐于冒险，并不一定太在意后果（或者有计划在必要时减轻后果的严重性）。

现在导向的宿命论者并不是真的关注现在，但他们觉得未来对他们来说什么都不是。他们感觉到有人或其他东西——无论是他们的社交圈、金融现实、宗教还是"运气"——在控制着他们的生活，并认为整个生存游戏都是"被操纵的"。他们的期望和希望已经破灭，觉得没有必要为未来工作，因为他们不相信自己有未来。

在现在导向的思维模式中，两种心态的共同点是他们对满足的态度。既然过去和未来都不会浮现在脑海中，那么重要的就是转瞬即逝的快乐。享乐主义者和宿命论者都倾向于即时满足。

在目前的这些思维模式中，哪一种更适合建立自律的过程？它们都不是。

自律和即时满足是截然相反的观念。自律会赋予（人们）即时满足永远不能带来的东西：耐心、克制、充分理解、计划和责任。当你的目标是获得即时回报时，其他的事情都不重要了。

现在是引用一个关于蚂蚁和蚱蜢的寓言的合适时机。简而

# 第一章

## 精神大于物质

言之，蚂蚁一整年都在长时间地辛勤工作，从来没有动摇过储藏食物和准备过冬的念头。蚂蚁总是知道从长远来看什么才是最重要的。然而，蚱蜢只准备了足够的日常生活的物资，没有考虑到冬天。它只想着在这一刻让自己的快乐最大化。当冬天到来时，除了因为连续几个月吃同样的东西而感到有些恼火，蚂蚁过得很好，而蚱蜢因缺乏准备而饿死了。

现在导向的人就如同蚱蜢一样，而未来导向的人就如同蚂蚁一样。你可以猜到哪种时间导向更有利于自律。

那些有未来思维的人会用不同的方式来规划他们的生活。他们并不严格受制于当下必须给予（或拒绝）的东西。他们能够脱离它；具体的和经验主义的现实不会束缚他们。他们关注的是未来及其所有遥远的可能性和后果。

未来导向的人会先考虑他们想要的结果，然后倒推出他们的行动如何创造结果。他们这样做不受当下的干扰。尽管他们经常带着抽象的想法工作，不能保证取得积极的结果，但他们仍然组织自己的思想和行动，以实现未来的目标。

换句话说，未来导向的人没有延迟满足的问题。他们不需要对自己的努力立即给予肯定或奖励。他们明白，对他们来说最重要的东西可能需要一点时间来发展。有时候，这意味着感觉像在真空中工作（或者对于活在当下的人来说，这可能

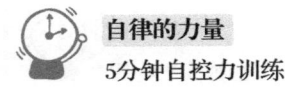

看起来像真空)。然而,这只意味着未来主义者愿意放弃现在的满足,转而追求可能会随后获得的更有成就感和更有意义的满足。

这种心态非常适合自律能力强的人。未来主义者培养耐心,将其作为长期计划的一块跳板。他们牢记在心的是更大的目标,而不是实现目标中遇到的烦恼。这与其他关于这一问题的研究很好地吻合,思考一个未来的你具体是什么样的有助于让你坚持习惯和实现目标。

让我们以棒球为例来讨论这个问题。大多数棒球队现在都面临来自老板和球迷巨大的获胜压力,这导致它们放弃了一些小联盟的前景,换取一些经验丰富的球员,这些球员可能会在一两个赛季中带领它们实现许诺的成绩。有时这很管用,球队进入季后赛,甚至可能赢得一次总冠军,但不会保持太长时间的领先地位,因为它们放弃了太多的未来球员,以换取一门能帮助它们获得眼前胜利的"大炮"。

然而,有一些球队——如最近的休斯敦太空人队(Houston Astros)——花了几年时间与培养的着眼于未来的球员打成一片。这个过程是如此不同寻常,以至于《体育画报》(*Sports Illustrated*)在2014年为太空人队写了一篇封面故事"棒球的伟大实验:2017年的世界大赛冠军"(Baseball's

# 第一章
## 精神大于物质

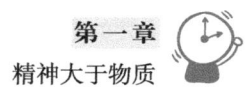

Great Experiment：Your 2017 World Series Champs）。太空人队希望建立一支以伟大球员为核心的队伍，可以在年度大赛上竞争，而不仅仅是获得一两次的胜利。

因此，太空人队建立了自己的小联盟，并在其中培养球员，打磨和发展他们的技能，这让他们在多年的耐心和失败中团结一致。在太空人队最终成长为一支一流球队之前，他们始终没有忘记这个闪耀的目标。在短期内，他们遭受了相当大的挫折，但最终得到了回报。这需要极大的自律，才能让他们不屈服于（回避）短暂痛苦的诱惑。

这样的球队是为长期的成功而建立的。太空人队迎来了世界系列赛冠军——在2017年，正如《体育画报》预测的那样。

应该指出的是，我们中的大多数人都是现在导向和未来导向思维的混合体。这意味着我们最终会有两个截然不同的自我，我们必须关注并保持满足。他们结合了早先的享乐主义者蚱蜢（现在导向）和劳动者蚂蚁（未来导向）。如果你将两者同等看待，就会导致蚂蚁在努力实现目标的同时休息，而蚱蜢则会意识到生活中也需有不如意之处。这真的是我们在日常生活中所能期待的最好结果了。

时间导向的概念应该促使你思考并扭转对未来的看法。未来的你正试图为成功奠定基础。未来的你才是把你的最大利益

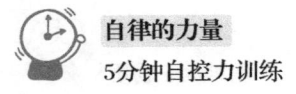

放在心上的人。自律是这个基础不可替代的一部分。

## 由你决定

到目前为止，我们讨论过的自律障碍似乎是很大的负担。事实的确如此；大多数人从来没有突破过其中的任何一个，这反映在他们的生活中。你自己可能会想，这是否超出了能力范围："我真的有能力突破并发展我所需要的意志力来达成目标吗？"

俗话说："不管你认为你能不能，你都是对的。"当谈到培养意志力时，最重要的因素可能不是脑力或体力，也不是所能完成的事情的范围，相反，可能仅仅源于你的信念，你相信自己可以培养意志力。

研究人员维罗妮卡·约伯（Veronika Job）在一个学期内曾对大学生进行了一项研究。约伯要求学生们评估他们在完成一项特定任务的过程中所保持意志力的能力——在一系列艰苦的工作之后，他们是否需要休息一下，或者他们的耐力是否可以"自给自足"，并允许他们继续前进。

总体而言，那些认为自己的意志力是无限的学生在以下几个指标上做得更好。他们更好地控制了自己的活动，解决了

## 第一章

### 精神大于物质

拖延症,取得了更好的成绩,在饮食和保持身体健康方面做得更好。此外,那些时不时地说自己需要充电的学生尤其受到拖延症的困扰,他们经常做出糟糕的饮食决定,发现自己很容易分心。他们甚至会花更多的钱——理论上他们在网上无所事事时,这尤其明显。

约伯的研究结果表明,那些确信自己有能力并真的认为自己有更强意志力的学生实际上做到了这一点。自我信息的传递被证明是他们能有出色表现的关键因素,这不可能是简单的巧合。安慰剂效应再得一分。

这是个好消息,因为它暗示了,尽管培养意志力是一项挑战,但解决方案很大一部分就在于相信自己能做到。我们的意志力和我们自认为的一样多。建立自律是你的选择,更是你自己一个人的选择——一切都取决于你。在你实现目标的过程中,没有其他任何人和任何事能有如此大的影响力。无论你的大脑是怎么想的,或者你是哪种时间导向的,这都无关紧要。最重要的是你对自己有信心。

归根结底,这是一件好事,因为它把权力交到了你的手中。你能不能自律取决于你自己。对一些人来说,这是一种自由的想法,可以决定一个人的行为和行动。通过产生自我激励,让自律成为对自己的奖励,你会看到,积极的影响会日复

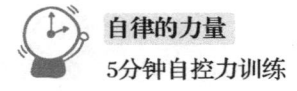

一旦显现出来。这些好处包括以下这些，你也可以随意地将这些因素纳入你的愉悦原则的成本-效益分析中去。

**避免诱惑。**自律的头脑知道与诱惑做斗争是一项艰巨的任务。即使意志力最强的人，当他们路过一家冰激凌店的橱窗时，也可能会感到一丝诱惑，橱窗中挂着一个巨大的彩色圣代冰激凌。除非你讨厌冰激凌，否则你会感到心痛。

然而，自律能帮你避免诱惑——当你走过商店时，你不会觉得应该放纵一下。这是因为当内部力量相互冲突时，自律可以帮助你控制和指导自己。你的注意力不会集中在你缺乏的方面，而是会集中在你创造的美好上。

**更多的生活满足感。**那些自律的人经常说，他们比那些不自律的人更加快乐。这一事实推翻了自律意味着没有任何乐趣可言这一观点。在自我掌控的道路上所得到的收获将比即刻的刺激带来的回报要令人满意无数倍——只是前者需要花费更长的时间。

**耐心可能会令人沮丧。**当你生活在像我们这样的社会中时，追求瞬间的快乐相对容易，保持克制和控制却很难，特别是当你身边围绕的都是及时行乐的朋友时更是如此。然而，你追求的远不止这些：你想创造一种更令人满意的生活。这是只有自律和持续专注才能带来的。当更令人满意的生活确实到来

# 第一章
精神大于物质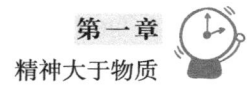

时，它将比那些短暂的、孤立的消遣更有意义、更令人满意。

**做更多你想做的事。**同样，那些过着自律生活的人常常被想象成"不做"事。他们不追最新的热门电视节目；他们不是每晚都和朋友在一起；他们不去劳德代尔堡度春假。从某种方式上说，他们好像一群被忽视的人——但其实，这只是依据其他人对乐趣的看法所得出的错误观点。

实际上，自律的人给了自己更多的机会去做他们真正想做的事情。这有两种方式。第一，你有能力为成功做好准备，做好需要做的事情。这就给你的兴趣留出了时间，虽然它可能只是懒洋洋地看一下午电视。

第二，你有自律去做你想做的具有挑战性的事情。你可能想爬山或跑一次马拉松。自律是你做这些事情的方式。自律的人所进行的活动都是有益的和丰富的——他们这样做，因为他们自律，能够做这些事情，并欣赏这些事情。

你获得了终极自由。

**实际上，你更专注于当下。**走上自律之路是一个持续不断的过程，经常需要做出选择。你要充分意识到那些最有益的决定。有时候机会会无缘无故地出现：有机会可以和前辈交谈，他们可以给你一些建议或支持，或者去参加像瑜伽这样的活动，它可以帮助你培养更多的精神耐力和专注力。

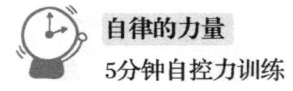
**自律的力量**
5分钟自控力训练

这些机会似乎总是出现在那些致力于自律的人身上，但这并不是魔术，而是因为你对有助于达成目标的事情有了更多的觉察和了解。自律的头脑并没有被拒之门外——远非如此。它一直在寻找和识别这些机会。你会更清楚你周围发生的事情，什么都不会错过。你只是做了一个不同的选择。

**设置边界。**很有可能，你至少有一两个好朋友或亲戚，他们会非常乐意无条件地支持你。然而，让我们面对现实吧：他们中的一些人也会试图——不管是有意的还是无意的——把你从自律之路上拉下来。"来吧，一节健身课错过就错过吧。这儿有啤酒，我们来玩《使命召唤》游戏吧，你的名字已经在里面了。"

自律可以帮助你在冲突开始之前就发现它们，并能让你坚守立场。它还可以让你坚定不移地去抵制他人的恳求和负罪感，这些人可能并不理解你提升自我的目标。

**了解你自己。**最后，在现实生活中，自律是发现你的真实身份和你真正看重的东西的最好方式之一。有时，我们的处境可能看起来如此令人烦恼或不安，以至于我们无法想象除了逃避还有什么其他的路可走。然而，在这些情况下，你不仅是在回避困难或世界，你也在回避自己。

自律是拒绝回应和退缩的一种手段。它让你每天都能积极

# 第一章
## 精神大于物质

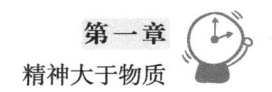

工作，迫使你根据自己真正需要的东西做出决定并采取行动。通过这个过程，你会比以前更了解自己。你会明白为什么你在过去做出了某些决定，你也会明白自己到底是什么样的人。

## 小结：

- 自律是把精神置于物质之上，准确地规定行动和行为的做法。然而，对大脑的控制就像在说你想去太阳表面漫步。这并不容易，你必须不断地加以控制，才能让自己有机会自律。事实证明，要做到自律和控制自己，有很多障碍。

- 阻碍自律有五种精神障碍：屈服于五种感官、敌意和恶意、冷漠和懒惰、焦虑和悔恨、犹豫和怀疑。它们的共同点是，它们都需要立即和紧急的关注，即使这并非真正的紧急情况。当你越关注于当下时，自律和未来就会变得越不重要。

- 无法超越当下和规划未来的另一个原因是，神经递质多巴胺在影响我们的行动。人类恪守愉悦原则。只要有可能，我们就追求快乐，避免痛苦，即使在潜意识中也是如此。自律很少给你带来快乐，大多数时候它会带来一定程度的痛苦，或者至少是不适。这是个问题。我们必须改变我们看待快乐和痛苦的方式，以及我们最想让谁受益：在大多数情况下，受益人是未来的自己。

**自律的力量**
5分钟自控力训练

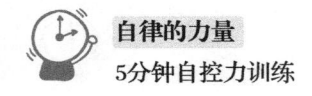

- 时间导向是自律的另一个问题。我们中的一些人是现在导向的——这对你没有好处，因为你不能以未来你能获得最大利益的方式行事。我们中的其他人是未来导向的——我们思考未来我们想要什么，然后倒推去创造它。这种观点与自律更加契合。在蚂蚁和蚱蜢的寓言中，勤奋的蚂蚁着眼于未来，能挺过冬天，而享乐主义的蚱蜢则着眼于当下，忍饥挨饿。

- 归根结底，尽管存在这些障碍，但你是否有自律能力取决于你自己。这是字面意义上的——安慰剂效应表明，你相信自己拥有多少，那就是你将拥有的。这是一种授权和自由，因为它意味着你和你想要的之间没有任何东西——除了你自己。一切由你决定。自律实际上是最终的自由，而不是限制。你应当把它当作一个需要克服的挑战。

# 第二章

## 理解循环，打破循环

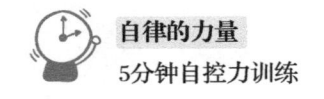

每当你头脑混乱，自律便被打破，这似乎是一个孤立的事件。也许你仅仅是因为被上一章中所提到的一种障碍所阻碍了。这都是由你的时间导向造成的，一旦你解决了这个问题，你就会好起来。

我们中的大多数人都体会过在这个基本层面上失去意志力的过程；我们因为一次性事件而暂时失去控制，直到事后才意识到我们在回避自律。

我们知道某天必须洗车，但我们没有抽出时间来洗车。这是经常发生的事情。还有更深层次的原因吗？遗憾的是，这并不能说明整个事情，而且我们越深入讨论，就会越接近失去自律时会发生的事。

在意识的阶梯上越爬越高，我们中的一些人可能已经发现了导致我们失去自律的几个具体的触发因素，因此会有意识地避免它们。我们心里很清楚自己讨厌洗车，就会有意识地找借口回避，或故意拖延到别人看不下去了去洗车（或拖延到下一个雨天）。这还不是事情的全貌，但知道是什么在以什么样的方式促使你行动，是很有帮助的。

在意识到自律失败之后，下一个层次可能是你会意识到，每当你回避的时候，你都会有一些特定的行为。例如，你会注意到，当你不想洗车的时候，你会开始清理你的房间。因

## 第二章
### 理解循环，打破循环

为想要回避责任，所以你出现了心理上的不适，要通过分散注意力来减轻这种不适。最终，这会让你找到一种模式，如果你正在打扫房间或是洗车，那么此刻你可能正在回避更重要的事情。

也许这种感觉不会立刻显现，但会出现一个循环，如果你缺乏自律，你会不断地发现自己陷入困境。你也许可以时不时地"坚持一下"，但这不是你一生都能依赖的。可持续的自律之路包括识别并打破缺乏自律的循环。

## 懒惰的循环

在某些方面，循环的存在是一种解脱，因为这意味着自律并不是把精神放在物质之上或是努力克服痛苦的（尽管有时这是无法避免的）。自律的关键不是对于无休止的肯定，也不是其他类似的声明——它实际上是关于如何理解懒惰的循环，并在你陷入其中之前打破它。

这相当于理解如何使用特定的公式来解决问题，而不是每次都试图以不同的方式解决问题，甚至要尝试20种不同的方式。当你知道你要找的是什么时，你会变得更有效率。实际上，这意味着你在做你需要做的事情时会少了很多挣扎。

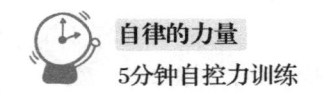

在前面的例子中，我们对洗车不自律的分析比大多数人分析得都要深刻，大多数人只考虑两种心理模式：感觉冷漠或感觉精力充沛。这太简单化了，无法解释自律到底是什么。只要不承认在更深层次上正在发生的事情，你就会继续说："我没有抽出时间来做这件事。"你会将失误视为暂时的和难以避免的，仅此而已。

这个周期有5个主要阶段，可以解释为什么你总是坐着不动，尽管你知道你不应该这样做。然而，也许更重要的是，这进一步解释了你坐着不动是合理的，甚至下一次你可能会更果断地坐着不动。我们可以以洗车为例来说明。

- 无益的假设或编造的规则。"生命短暂，所以我应该享受生命，而不是把宝贵的时间浪费在洗那辆满是灰尘的汽车上！不管怎么说，洗车是要付钱的！"
- 越来越不适。"我宁愿不洗车。这很无聊，也很让人不适。我知道我的另一半让我这么做了，但这可以等一等。"
- 为缺乏自律找借口以减少心理不适。"我不洗车是完全合理的。外面太热了，我都要融化了。当他们问我的时候，我的另一半并不是真心想让我去洗车的。"
- 减少心理不适的回避活动。"我会打扫浴室。我还是很有效率的！我也会收拾好我的办公桌。今天有很多事情

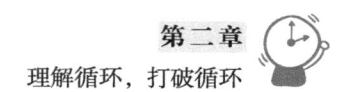

要做。从各方面考虑，我今天做得还不错。"
- 消极的后果与积极的结果。"啊，我现在感觉好多了。周围都很干净。哦，等一等。我还是要洗那辆车，而我的另一半这次似乎更生气了……"

这让我们回到了起点：车没有洗，你的假设也是一样的。只是这一次，有更多的不适是你想立即避免的。事情还在继续。不适一直追着你转，你假装躲避它，结果却发现它突然出现在别处。你一旦进入这个循环，就很难克服不断增加的阻碍你完成任务的惰性。洗车这一迫在眉睫的任务笼罩着你，似乎越久没有完成，它就会变得越大、越可怕……

我们分别看一下每个阶段，就会开始理解为什么打断这个循环是如此重要。我们将从顶部开始；这就是你无法开始一项任务，也无法完成一项已经在进行中的任务的地方。从逻辑上讲，你知道你应该做这些事情，而且它们对你最有利。然而，你已经做出了不自律的决定，那么你脑子里想的是什么？或者更确切地说，在你没有意识到的情况下，已经发生了什么？

## 无益的假设或编造的规则

如果你觉得你不想开始或完成某件事，那不是因为简单的

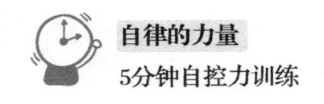

懒惰或"我现在不想做",而是关于这些感觉背后的信念(通常是毋庸置疑的)和假设。这些无益的假设或编造的规则是什么?

你的生活应该是追寻快乐、尽情享受的。任何与此相冲突的事情都应该被禁止。追寻快乐是指你觉得生命太短暂,不能放弃一些有趣或令人愉快的事情,而去做那些看似枯燥或困难的事情。乐趣是第一位的!至少,你认为当前的短期快乐比长期回报更重要。

这就是"我现在不想做"的真正含义——你实际上是在说:"我现在想做一些更令人愉快的事情。"

你需要 X、Y 或 Z 来锻炼自律,如果现在没有它们,你就有借口了。有时候你就是不能集中精力去做某事。你可能会感到疲惫、压力大、情绪低落或缺乏动力,并以此作为不能把事情做好的"理由"。你必须做好"准备"。你需要 X、Y 或 Z 才能正确启动。你得有心情才行。哎呀!这些并没有神奇地排列在一起,所以不能按你说的去做,这甚至不是你的错。

然而,所有这些所谓的要求都是你想出来的;它们都不能真正反映现实。没有人会在你和任务之间设置任何障碍。有时你确实需要坚持到底,直到竭尽全力、疲惫袭来——自律不是一条容易的路。你会感到不适,所以不要认为你不应该感到不

## 第二章
理解循环，打破循环

适（生活应该是追寻快乐的，所以如果你感到不适，那就是出了问题，你需要立即停止正在做的事情）。

我可能会做得不对，所以我根本不会做。你可能会陷入这样一种假设，即你必须每次都把事情做得尽善尽美，否则就会被贴上失败的标签。这是一种对失败和拒绝的恐惧，也涉及缺乏自信。你不想让别人看不起你。你可能会称之为"做一个完美主义者"，但这实际上是缺乏勇气和韧性的表现。实际上，在内心深处，你认为自己不能或不会忍受任何困难——要么事情进行得很完美，要么你根本就不会去尝试。（这么说听起来有点无礼，不是吗？）

你如何确保在一项任务中不会被拒绝或不会失败？那就是不做。很简单。你不开始它，就不会结束它。不会有失败或失望，因为你不给自己判断的机会。

你独自决定你要做的。你认为你需要成为发号施令和掌控局面的人。你对掌权有一种强烈的渴望。你觉得你不应该仅仅因为别人叫你去做某事就去做。可以用这样一句话来概括："我不必听他们的。"这是对你认为有人踩在你身上的防御性反应，往往会导致你违背自己的利益行事。如果你自己设定了目标或期望，这并不重要——一旦你设定了目标或期望，你就会条件反射地后退，就好像是在争取你感知到的自由。

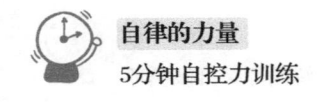

如果你觉得你需要做一些与你的信念相悖的事情，你只会在十分必要的时候去做。这是人类行为的现实，因为这些信念通常是无意识的。那么，如果你被要求做家务，但你拥有两个信念——"乐趣至上"和"我需要完美的条件"，会发生什么？首先，你会玩得开心，等待一大堆前提条件发生；其次，家务活就会做不完。循环的其余部分是让家务活做不完的原因。

## 日益增加的不适感

你如何知道你是否拥有上述任何假设或核心信念？当你知道你应该自律，但它与你的信念或假设相冲突时，就会产生紧张和不适。之所以会发生这种情况，是因为你想要的东西（不用洗车！）与世界（或个人，甚至你自己）在告诉你的（就洗一次吧！）有直接冲突。

想象一下，你被告知天空实际上是红色的，这可能与你从小就被教导的东西相冲突。你觉得有什么不对，但你可能无法说出它的名字。你会有一系列的情绪，所有这些情绪都是令人不适的：愤怒、无聊、沮丧、疲惫、怨恨、焦虑、尴尬、恐惧或绝望。让我们称它们为心理不适的变种。它们指出了外部世界和你内心信念之间的不匹配。

## 第二章
理解循环，打破循环

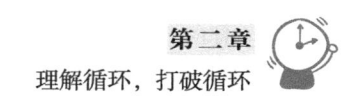

这场冲突的最终结果是我们处于一种不安的状态，我们不喜欢这种感觉。因此，有些事情需要改变。

如果这种不适的根源与洗那辆车有关，那就意味着你要像躲避瘟疫一样躲避它。

我们知道它仍然存在，但我们刚刚开始理顺为什么不应该或不需要这样做。这样想吧：你的大脑不想让你停留在心理不适的状态——就像站在一艘正在下沉的船上——所以它只知道通过下面两个阶段来解决问题。

## 找借口

借口是你在回避责任时用来让自己感觉更好的东西。你知道你应该做点什么，但你不想做。这是否意味着你只是懒惰、疲倦，或者可以无所作为？当然不是。承认这些会让你感到更加不适和紧张。因此，你编造借口，在当前的情境下继续做好人，甚至伪装成受害者——或者至少不是坏人。这是一个令人欣慰的想法。你要怎么说，才能让你的不作为变得可以接受？

"我不想错过今晚的聚会。我明天再做。""我只是今晚太累了。我会在晚些时候开始努力实现这个目标。""当我有心情去做的时候，我会把这个项目做得更好。""我没有准备

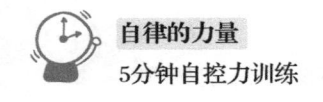

好这项工作所需的一切，所以现在不能开始。""等我完成了另一项任务，我会马上去做的。"

现在，如果你把这些话告诉别人，他们可能会扬起眉毛，问："真的……？"问题是，这些借口都是你告诉自己的。你可能在生活中太过频繁地使用它们了，以至于你的借口和现实之间的界限变得模糊。你变得无法辨别或说出真相，你在不知不觉中开始削弱自己的力量。记住，我们拥有我们相信自己拥有的自律能力。借口告诉你，你很容易被打败。这些借口是否可信几乎都是一致的——它们只能用来缓解不适，给你一个"出局"的机会。

当你忙于说服自己这些借口是真实的和合法的时候，你正平稳地过渡到这个循环的下一个阶段：回避活动。

## 回避活动

回避活动是让你缓解不适并假装不只是懒惰的终点。内心的对话大致是这样的："我有足够的理由不洗车，但为什么我还是觉得自己很糟糕？我应该做点什么……"借口本身可能是不够的，所以你认为仍然需要采取一些行动来缓解不适和紧张的情绪。

因此，你采取了行动，尽管这从来都不是你一开始就应该做的。通常，有两种类型的回避活动。首先，有一些活动只会让你从选择不自律或者违反信念或假设的不适中分心。眼不见心不烦，去吃冰激凌或去看一部新的超级英雄电影就会消除这种不适。这种分心让人到了否认（事实）的程度。

其次，除了手头的任务，还有一些活动会让你觉得自己很有效率。例如，如果你在家工作并且推迟了一个项目，你在回避真正的任务时会拥有一个更干净的浴室。你可能会做一项"更容易"或优先级较低的任务。这些回避活动让你可以说："嗯，至少我做了一些事情，我不是完全没有效率的！"用一个合适的词来形容这些活动，那就是富有成效的拖延。

这些确实能让你在短期内感觉更好，但它们不会让你更接近你应该去的地方，而且会让这个循环更难打破。这种心理上的不适依然存在。

## 消极的后果和积极的结果

回避是一门艺术。当你回避责任时，总是会有后果的。在某个地方，有什么东西从缝隙里溜走了。消极的后果更加明显。你以前可能都经历过。这些后果可能包括增加的不适感、

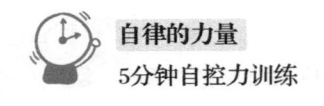

负罪感、焦虑感和羞耻感。你知道你没有实现（或采取措施实现）目标，这只会让你感觉更糟。

另一个消极的后果是（外界）对你的要求增加。你的工作可能会积累起来，让你不得不完成原来的任务加上额外的补偿工作。根据任务的性质，回避可能会导致受到惩罚或损失的后果。这种惩罚/损失可能表现为工作上的反馈、错失机会或未能实现目标。家务活没有做完，你的草坪上的草开始疯长，以至于你能在里面看到一些小的有害的林地动物。

其他消极的后果与这个循环有关，在这个循环中，你无用的假设或信念没有受到挑战，你变得过于有效地为自己找借口，你对心理不适的容忍度降到更低。所有这些都使循环延续得更糟。你可能完全没有意识到，所有这些都只会不断循环，你却不知道为什么你不能完成任务。

任何积极的结果都是虚幻的。结果可能是积极的，因为人们在此刻感觉良好，但这充其量也只是暂时的。这就像闭上眼睛来躲避向你飞驰而来的卡车的明亮前灯——从长远来看，你只是在为自己的失败做准备。这是一种自我破坏。

回避可以让你从最初因为没有完成任务而产生的不适中解脱出来。实际上，你可能会感觉更好，因为你坚持自己无益的假设。你可能会从拖延活动中获得一些乐趣。这两点可以被认

## 第二章
理解循环，打破循环

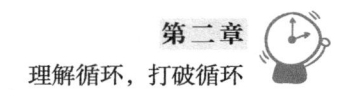

为是推迟任务的积极的结果。

消极的后果和积极的结果都会推动循环。消极的后果会让你想要继续回避某些任务，而积极的结果只会给你注入足够的短期快乐来掩盖真实发生的事情。它们都会把你带回最初缺乏自律的问题上。无论你是受到消极的后果还是积极的结果的驱使，结局都是一样的：你完成任务或目标的可能性更小了。

现在你可以看到这是如何变成恶性循环的。你越是认同一个或多个无益的假设，你的不适感就越多。随着越来越多的不适感产生，你开始找借口来回避。你回避越多，就越想回避，因为它们既有消极的后果，也有积极的结果。你又回到了那些无益的假设中——很可能变得更糟了。

那么，在日常生活中，这些阶段是什么样的？让我们来看看你在不知不觉中关注了多年的连锁反应，举一个减肥的例子来说明。

你很可能是在几个无益的假设下减肥的。你认为除非你放弃所有的快乐，否则你无法减肥。如果你不能减肥怎么办？如果你无法回避怎么办？坚持做你正在做的事情比冒失败的风险（做事）要容易得多。你的另一个假设可能是你缺乏精力和时间。你只是太累了，不能每天自己做饭和锻炼；只吃快餐更容易。

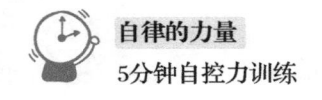

这些无益的假设会导致不适。是什么让你感到不适？也许你吃一些你知道不该吃的东西会感到不适。也许你嫉妒你妹妹可以随心所欲地吃东西。也许你对新鲜水果和蔬菜如此昂贵感到恼火。也许你会感到尴尬，因为尽管你暗地里开始关心你的目标，但你一点儿也没有变轻。你不能维持现状，所以有些事情需要改变。

因此，你开始通过找借口来缓解不适。你没有合适的运动服去健身房。你不想错过生日聚会的乐趣，所以你要吃那块蛋糕。你下班后太累了，做不了那么多的用餐准备。只需要等到月初，这样你就可以更清楚地记录每件事。

在内心深处，你可能意识到，也可能没有意识到，这些都是让你无所作为的借口。无论是哪种情况，你最终都会觉得需要采取某种行动。这就是回避活动的用武之地。记住，有两种类型：一种是分散你对日益增加的不适的注意力；另一种是让你感觉自己在做些什么（尽管你真的没有做）。

也许你下班后和同事出去吃饭，而不是去健身房。也许你会花时间在Pinterest网站上寻找食谱，而不是真正做一顿健康的饭。也许你会在互联网上冲浪，花大力气去研究你需要什么样的健身器材，而不是去健身房。

这些行为会导致后果。一个消极的后果可能是负罪感：

## 第二章
理解循环，打破循环

没有锻炼的负罪感，没有遵守饮食计划的负罪感，对你所做的选择的负罪感。另一个消极的后果可能是你的体重实际上增加了，而不是减少了。

一个积极的结果是你获得了满足感，你能够假装做的每件事都是正确的。另一个积极的结果可能是你的"欺骗餐"改善了你的情绪。

消极的后果导致更多的回避并让你缺乏面对现实的意愿。积极的结果会造成更多的自我破坏。现在，你又带着对减肥的更少动力或乐观情绪回到了起点。

让我们看另一个例子。

假设你一直想开一家冰激凌店会怎样？你的朋友和家人都知道你喜欢冰激凌，你总是在谈论你的梦想，但你从来没有尝试过自己创业。也许这是一个缺乏自律的循环，导致你在开那家店时犹豫不决。

跳到这个循环中，那些无用的假设是什么？一个主要的假设是对未知或灾难的恐惧。如果你辞去工作，全力以赴做你的冰激凌生意，失败了怎么办？当一个店主会是什么感觉？如果你损失了一大笔钱怎么办？你可能会缺乏自信。如果你做不到怎么办？你告诉自己你没有商业头脑，你以前从来没有做过这件事，你也不知道自己在做什么。

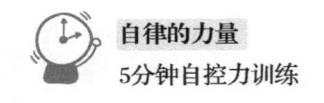

你可能会做出另一个无益的假设，那就是你需要控制。现在看来，你有了自己的生意，就可以控制了。然而，有些事情不是你能控制的。你的商业贷款取决于银行家。如果你的供应商不把产品卖给你，你就没有冰激凌可卖了。你不能保证你会有客户。这些都不是你能控制的。

思考这些假设可能会让你感到相当不适。你可能会对这样一个巨大的变化感到焦虑。一想到要辞去工作自己创业，你可能会有一些恐惧。你可能会觉得自己创业时遇到的所有事情都会让你不知所措。

你感觉不适的时候，很容易就找借口不前进。你不能开冰激凌店，因为你没有掌握诀窍。也许你的借口是不确定你的店是否会成功。或者，你可能觉得没有时间去开店。

因此，有了这些借口，你进入回避活动。你不用去银行了解商业贷款，而是在电视上看足球比赛。你会分心（做别的事）。或者，你和朋友聚在一起讨论你的想法，而不是采取行动去实现你的梦想。在不行动的方式下，你会感到很有成效。

至于回避的结果是什么呢？一个消极的后果可能是错过为你的冰激凌店选择一个完美地点的机会，因为你没有推进你的计划。一个积极的结果可能是你享受花时间和你的朋友在一起，你喜欢谈论你的想法，这会让你更频繁地这样做，而不是

第二章 理解循环，打破循环

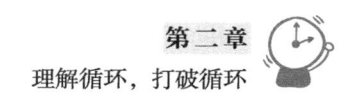

开始创业。同样，消极的后果会导致悲观情绪，而积极的结果则会造成自我破坏。

现在我们来到这个循环的起点。你缺乏做事的自律，因为你是在无益的假设下开始行动的，这会导致你找借口来回避，而这反过来又会导致你的自律被阻碍。

是时候讨论一下如何打破这个循环了。幸运的是，循环不需要在任何特定的位置被打破。一旦任何一个阶段被打乱，剩下的阶段就不可能继续了。

## 打破循环

记住，缺乏自律的循环有5个阶段。在本节中，我们将具体讨论如何处理前4个阶段中的每个阶段。

第一，无益的假设或编造的规则。"生命短暂，所以我应该享受生命，而不是把宝贵的时间浪费在洗那辆满是灰尘的汽车上！不管怎么说，洗车是要付钱的！"

为了澄清任何关于自律的无益假设，来了解一下我最喜欢的一个概念：40% 法则。

这个法则是指，当一个人的大脑开始告诉他，他的身体或

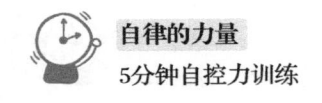

情绪已经达到极限时，实际上，他只把自己推到了最大能力的40%处。换句话说，只要他相信自己有能力，他就可以多忍受60%的痛苦。当你认为你已经达到极限时，你甚至还没有接近极限，你是否能坚持下去取决于你是否相信这一点。感觉你已经达到了极限，并对自己说你只完成了40%，这是相当令人难以置信的。这是一种对痛苦的接受，是一种对你的自律更有利的信念。

如果你用这种力量和能力的假设来取代你无益的、无能为力的假设，结果会怎么样？

我们通常在开始感到痛苦或快要达到极限的时候准备放弃，但这实际上只是我们所有人能力的开始，释放更多潜力的关键是克服最初的痛苦和随之而来的自我怀疑。通过保持对自己的信念，你可以做得更好，而这些证据会建立你的信心和自律。

例如，你可能在做了10个俯卧撑后开始挣扎。你会开始在脑海中听到一个声音，说你觉得太累、太酸或太虚弱，无法坚持下去。然而，如果你停下来，集中精力再做一次，你会发现你已经证明了（告诉）你不能做的声音是错误的，然后你就会停下来再做一次。之后，再做一次。

突然间，你已经20岁了。你可以慢慢来，但你已经把你认

第二章
理解循环，打破循环

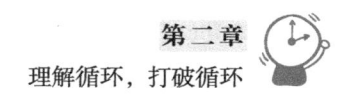

为可能做到的事情的数量翻了一番。

相信自己能做得更多，这就会成为现实。这使你能够远远超越你在自己脑海中为自己构筑的极限。一旦你克服了10个俯卧撑后所产生的要放弃的痛苦和冲动，你就会知道精神力量帮助你坚持了下来。下一次当你遇到挑战时，你会觉得自己更有能力，准备再次突破你假定的极限。简而言之，这体现了自律——这真的是一个你能忍受多大痛苦的问题，我们大多数人都会"弯曲"，但不会"折断"。

当我们坚信自己的能力时，我们的头脑可以成为我们最好的朋友，但如果我们允许消极的情绪控制它，它也可能成为有害的敌人。你可以运用40%规则来增强自己的能力，而不是在遇到阻力迹象出现的第一时间就在心理上认输。

现实的情况是，我们中的大多数人对自己真正的身体和精神局限一无所知。在通常情况下，不自律的根本原因是我们在头脑中产生了信念：我们做不了。期望自己有能力、成功和自律会让你更有可能成为真正的自己。

第二，越来越不适。"我宁愿不洗车。这很无聊，也很让人不适。我知道我的另一半让我这么做了，但这可以等一等。"

自律本质上是让人不适的。除非你有强烈的目的性，否则永远不会让自己受制于要自律的挣扎中。我们心甘情愿享受的

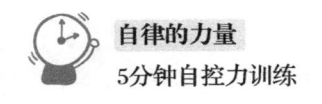

事情叫作乐趣。我们从来没有听别人说过吃冰激凌或玩电子游戏需要自律。

再多的知识、习惯养成、思考或想象都不会让自律变得舒适。这只是一个简单的事实，自律会让人感觉像是一件苦差事。你有时甚至会讨厌它。我们更需要的并不一定是自律本身——而是我们能够处理和容忍不适的程度。

这个过程试图把刺痛变成你几乎感觉不到的沉闷的烦恼，或是你实际上感到的饥饿，因为这意味着你坚持了自己的饮食。这已经是最好的结果了。洗碗可能不会变成一件愉快的事情，但至少它不一定是一种痛苦的经历。

自律归根结底是选择暂时的不适，从长远来看这对你有帮助。自律并不在意你是否精疲力竭、恼怒甚至沮丧——但这才是你最需要自律的时候。

养成经常接受不适情况的习惯可以对你生活的方方面面产生积极的影响。就像举重会导致暂时性的不适，但能让肌肉更强壮一样，选择自律的动作和决策也会让你的"不适的肌肉"变得更强壮。

你不需要在日常生活中感到不适，但熟悉这种感觉肯定会帮助你面对现实中的逆境。你甚至可以自己制造焦虑和不确定性——这样它们就可以被控制和管理，以表明你有能力

## 第二章
理解循环，打破循环

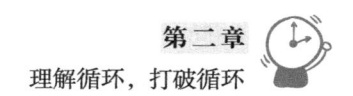

处理它们。

蒋甲（Jia Jiang）曾在TED上发表了一场颇受欢迎的演讲，讲述了他走出舒适区的个人旅程，在这场演讲中，他直面对于拒绝的恐惧以及随之而来的社交焦虑。他想变得更自信，所以他开始通过连续100天以某种微小而有节制的方式寻求拒绝来使自己对拒绝不再敏感。他的一些做法包括向陌生人借100美元，请求"再加一份汉堡"，以及请求在别人的后院踢足球。100天过去了，蒋甲变成了全新的一个人，他更加自信，也更欣赏人们之间的善意。

蒋甲在故事中克服了对拒绝的恐惧，这适用于每个人。恐惧和不安也是挑战自我的机会。如果你想掌控局面，那就花一天时间顺从他人。如果你更喜欢被动，那就花一天时间坚持自己，做更多的决定。无论你愿意做什么，都要反其道而行之。

给你的生活注入可控的不适和不确定性并不难。你可以点餐厅菜单上的菜肴，而其中的食材你以前从未听说过。或者，你可以把水调成冷水，强迫自己站在里面，直到你控制住呼吸，让头脑冷静下来，而不是洗一个放松的热水澡。向人们索要你认为不会得到的折扣。在餐厅坐下，收到菜单后离开——走到门口会让你感觉非常漫长。

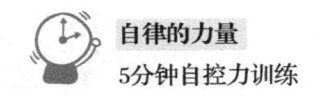

即使只是做一些自发的或不符合性格的事情，也能让你走出你的舒适区，你会发现走出舒适区并没有那么糟糕。

随着这种练习锻炼你的意志力，你可以开始改变一些不太有益的习惯。当感觉自己被卷入与欲望的战斗中时，你会有足够的精神力量来抵制诱惑，而不是让自己的欲望随波逐流。如果恐惧驱使你通过分散注意力来完全回避欲望，那么恐惧有时也能给你一个积极改变的机会。

不适和挣扎造就了你。你读这本书是因为你想变得更加自律，所以如果你想坚持到底，那么现在就是你适应不适的时候了。

**第三，为缺乏自律找借口以减少心理不适。**"我不洗车是完全合理的。外面太热了，我都要融化了。当他们问我的时候，我的另一半并不是真心想让我去洗车的。"

现在是时候更好地理解我们找借口时的心理了。我们找借口并不总是故意的。这往往使我们很难准确地指出何时会使用借口，因为我们倾向于选择那些接受"我们是谁"的特定思维方式。

其中的一些思维方式属于我们都熟知的典型人格所具有的，另一些则是我们不容易识别的思维方式。所有这些合起来让我们拖延、再拖延，或者干脆拒绝做某事。然而，它们也是

## 第二章
理解循环，打破循环

可以被纠正的。有许多不同的心态促成了找借口的行为，但我们将重点关注有其中4种更常见心态的人。

**完美主义者**。这类人只有在一切完全按计划进行的情况下才承认结果，不能有任何偏差。完美主义者对他们所看到的事情采取了一种"要么全有、要么全无"的方式：要么一切都是正确的，要么什么都不做。当然，你可以打赌完美主义者的标准往往是不可能达到的。他们有一个绝对的期望底线——如果不以最低水平完成，那么整个项目就是一种浪费。那么，为什么还要费心去做呢？

如何改变完美主义心态？不要把成就想成开关，那样就只有"完成/未完成"这两个词。相反，要用"刻度盘"来考虑努力，所有的努力都是简单地用强度来衡量的。你可能会达到85%、50% 或 3%——但如果没有完美地执行，至少你也在努力做事，而不是遇到困难便知难而退。如果你没有比任何人更强，把每件事都做得完美，你总是可以在这条路上做出调整的。这是一个流动的过程。

**被吓倒的人**。持有这种心态的人与完美主义者有一些共同点，他们使用"理想状态"来衡量自己努力的成效。然而，被吓倒的人比完美主义者更容易受到恐惧的困扰。他们担心自己已经承担了超出自己能力而无法掌控的任务。被吓倒的人是

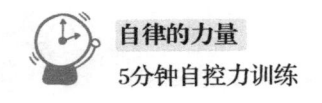

由一种对未知的消耗性恐惧和彻底失败的预期驱使的。结果不仅会很糟糕,而且还会是灾难性的——烤箱里的蛋糕不仅会烧焦,还会让整个厨房着火。

要驯服被吓倒的人并克服对可能发生的事情的恐惧,答案很简单:研究。想一想你的努力中最糟糕的情况是什么:什么会真正定义彻底的灾难?写下答案,制订任何你需要的计划并计算需要的增援,以避免可怕的事件发生——然后开始工作。

还要记住,失败是一件值得学习的事情。只允许自己被失败所定义,而不去试图弄清楚你可以做出哪些调整来获得更好的结果,这会让你终生拖延。克制提前过度思考和过度分析的冲动,冒着"分析瘫痪"的风险——开始做点什么吧。

**环境责怪者**。环境责怪者完全受周围环境的摆布。他们认为,他们对发生的事情没有任何投入或控制。对他们来说,生活只是发生在他们身上的一系列事情,而不是他们取得的成就。他们相信外部力量总是在密谋反对他们,这导致他们只关注外部,而完全不关注自己的内在能力或贡献。当他们试图回避责任时,这一点尤其有用。

要改变环境责怪者心理,只需让他们接受责任,意识到事情不一定会发生在自己身上即可。他们应该明白,自己和任何其他人一样,都有能力影响周围的环境。除了自己,没有什么

第二章
理解循环，打破循环

能阻止他们这么做。这是一个关于能在日常生活中参与多少的问题。他们应该问问自己，环境是否真的是造成痛苦的原因，还是这只是一个方便找到的借口。就像前面的例子一样，交通和天气可能会有影响，但这并不意味着自己没有责任。

**失败主义者**。这类人的心态是悲观的。失败主义者确信没有成功的机会——并无法忘记这一点。他们已经下定决心不成功，不管他说不说都是如此。失败主义者用他们缺乏乐观的态度解释自己的无能——这并不是事实的反映，只是他们缺乏做任何事情所需的工具。在通常情况下，这种态度不再是一种观点，而变成了一种自我实现的预言：他们真的会开始做任何事情都做得很糟。

要改变失败主义者的心态，就不要再确认失败。这即使与他们对现实的看法背道而驰，也只会攻击想要解决的问题或想要实现的目标。把大任务分解成更小、更容易处理的部分——试着取得几次"速战速决"，而不是一下子拿下联赛冠军。这是公平的，甚至是谨慎的。为困难或艰难的时刻做好准备，甚至可以请求外界的帮助，不要宣称失败是不可避免的，这从来都不是一成不变的。

找借口是让自己感觉好一点的最短暂、最徒劳的方法。借口不是从头开始修补错误和缺陷，而更像是一块创可贴，它只

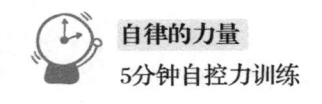

会掩盖缺陷，对修复几乎无能为力。了解借口的本质有助于我们在说出借口之前就预见它们的到来。我们思考中的这种停顿可以帮助我们看到真实的情况，也可以提升我们的洞察力，让我们了解如何才能产生积极的影响。这有助于我们形成坚强的性格，战胜任何迎面而来的困难。

现在我们明白了借口的真正目的以及它们为什么如此无用，是时候学习一种在借口出现时如何处理它们的方法了。

解决方法不一定是否认我们告诉自己的事情，因为这几乎是不可能的。借口反映了我们可能真的认为自己正在经历的某些心理状态。与其否认你的借口，不如试着挖掘表面之下的东西，找出三个组成部分：真相、精神上软弱的结论和精神上强硬的结论。明确区分这三个组成部分会让你真正理解你的内心对话，并把你可以选择坚韧的地方孤立起来。

例如，假设你有一篇几天后要交的论文，这篇论文需要你进行研究。你有一个合理的时间窗口来完成它，但已经筋疲力尽了——这是事实。这就是现实，是十字路口出现的地方，你将选择如何接近它——这取决于你坚韧与否。

现在问问自己，为真相找借口听起来会是什么样子。这可能是你的第一个冲动——找个借口不开始。"我可以现在就开始，但等我睡一会儿，我会做得更好。"这是你精神上软弱

## 第二章
理解循环，打破循环

无力的结论：它让你拖延。即使有一丝真理的暗示，它的唯一目的就是让你走上捷径。毫无疑问，这是阻力最小的道路。借口看起来很渺小，也没有什么害处，但实际上它是在帮你推脱责任。

然后问问自己，获取真相的最佳途径是什么。此外，你可以说："我累了，但如果没有别的事，我现在可以做几件小事来推动报纸的运转。我可以勾勒出一个粗略的轮廓，这样当我精神更充沛的时候，就能更好地阅读这份报纸了。"这是一个在心理上很难得出的结论，让你认识到什么是正确的和最有效的选择，而不是简单的选择。它并不要求你筋疲力尽，但它能确保你为成功做好准备。

通常，你只有成为这种角色时，才能意识到自己是在找借口。你不需要拒绝那些让你意志薄弱的情形。这不是让你成为一台能够面对所有逆境的无情机器，而是一步一步地，让你意识到你其实有很多选择，而你与选择坚韧仅一步之遥。只有当我们意识到借口几乎总是谎言时，我们才能继续前进。

第四，减少心理不适的回避活动。"我会打扫浴室。我还是很有效率的！我也会收拾好我的办公桌。今天有很多事情要做。"

修修补补你的环境可以让自律变得容易得多。如果很难让

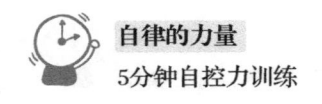

自己分心，那么自律实际上可能会成为阻力最小的道路，你不妨去试试。

当你研究人类行为是如何在很长一段时间内进化的时候，环境往往比动机或技能在成功中起到更大的作用。环境是指导人类行为的隐性力量。是的，激励、智力和劳动固然重要，但我们居住的环境往往会超越这些特质。

外部因素是塑造我们反应和行为方式的"无形帮凶"。不管我们想要多么自律，至少部分取决于我们所处的物质环境。

康奈尔大学的布莱恩·万辛克（Brian Wansink）在2006年进行了一项关于饮食习惯的研究，并有了一个有趣的发现。当人们把盘子从直径12英寸换成10英寸时，他们最终少吃了22%的食物。

这是一个例子，说明了即使环境中很小的调整也能为你想要的结果做出贡献。盘子大小的变化微不足道，只有2英寸——差不多是智能手机的宽度——却让食物消耗减少了超过五分之一。

让简单的事情成为正确的事情，甚至让它成为默认的事情。

例如，如果你想更多地练习一件乐器，你可以把它放在房间中间的一个永久位置上，并附上乐器确切位置的说明。你

## 第二章

### 理解循环，打破循环

也可以留下一些乐谱，上面写着让你拿起乐器走到床边。如果你想锻炼得更多，健身房位于你下班回家的路上则你更有可能去，而不是位于相反方向10英里处。

你也可以把健身包放在大门外，买一个做引体向上的拉杆放在厨房门口，并且只穿运动鞋。最后，如果你想减少拖延，你可以把"提醒贴"放在门把手和钱包（你必须触摸的东西）旁边，把你的工作放在一个你无法回避的地方，把让你分心的诱惑隐藏起来。

减少分心是眼不见、心不烦的一种做法。例如，超市经常将价格较高的商品放在顾客的视线范围内，以增加人们购买它们的机会。然而，人们可以在家里逆转这一过程，方法是将不健康的食物放在看不到的地方，并将它们储存在较不显眼或较难触及的位置。把你的巧克力放进5个容器里，就像俄罗斯套娃一样，然后把它们放到壁橱里。看看你多久会把它们拿出来"狂欢"。

为了戒烟，你可以考虑把家里所有的烟灰缸都移走，把烟灰缸放在房子周围尽可能远的地方，这样在寒冷的冬天你要是想吸烟就必须快步走出去。为了避免整天坐着，你可以换成站立式办公桌，这样你在大多数工作时间都必须站着。你也可以简单地把咖啡桌和椅子从你工作的地方移走。

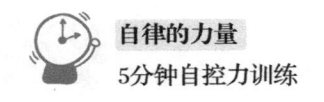

至少可以说，依靠意志力和自律是有风险的，所以创造一个环境，帮助你自动做出自我约束的决定。把决定权从你手中拿走，你就是在重塑自己，让自己摆脱日常生活中的坏习惯——而且很可能会在这个过程中节省一些时间。

## 进一步考虑的事项

**设定目标**。如果你在谷歌搜索"设定目标"，你会得到9.52亿条搜索结果。设定目标是一个经常被谈论的话题。设定目标如何帮助你打破缺乏自律的循环？

通过设定目标，你引入一些外部的东西来保持你的动力和责任感。有一套清晰的目标会让你保持在正轨上，因为你不再需要说服自己"我可以做到这一点"。相反，你可以对自己说："我只需要实现我的目标就可以了。"前者更容易出现问题，而后者更有效率，因为它与结果有关，不论这个结果是积极的还是消极的都是如此。

设定目标可以帮助你打破这种循环的另一种方式是减少你的不适感。当无益的假设让你感觉不适时，有一个明确的目标和具体的步骤可能会帮助你抛开一些这种感觉，提醒你一切都进行得很好，你不需要紧张或变得害怕。

## 第二章
理解循环，打破循环

最后，积极跟踪你实现目标的进度有助于你坚持下去。这很鼓舞人心。也许你有一本记录每天喝多少水的日志，也许你可以在日程表上标明每天跑步的距离。不管你的目标是什么，你需要决定如何监控你在实现目标方面的进展，因为它会让你保持在正轨上，让你知道努力不会白费。即便只是一个视觉上的提醒，也常常是一个强大的工具。

当我们在自律的道路上苦苦挣扎时，我们经常会犯这样的错误：不论我们感觉如何，现实就是这样。例如，因为你感到气馁，你觉得你注定要失败。有时我们需要一个提醒，提醒我们已经完成了什么、走了多远。

如果你试图遵从SMART目标法，那么上述目标的所有好处都会是真实的。SMART代表具体的（Specific）、可测量的（Measurable）、可实现的（Attainable）、相关的（Relevant）、有时间限制的（Time-bounded）。不要说你想减肥（太过模棱两可了，很容易被置之不理），而应为你的目标设定具体的参数，帮助你实现目标。

（1）具体的。你设定的目标应该是精确的和毫不含糊的，否则你不会对你需要完成的事情有一个明确的概念，也不会有强烈的动力来实现你的目标。细节越多越好。我们用常见而流行的行为改变作为SMART目标法跟踪的一个例子：制订

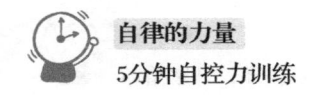

一个锻炼计划。

- 为什么？因为你想活得更健康。
- 谁参与其中？你，就是其中之一，也许还会有私人教练参与其中。
- 你需要完成哪些工作？增强体力、减轻或增加体重。
- 你要处理哪些要求或障碍？你需要建立一套常规做法，并使用健身房的器材。你的障碍可能是个人方面的——在锻炼环境中的自我意识，或者住得离健身房有点儿远。
- 你需要去哪里才能做到这一点？如果健身房太远，也许你可以清理出房子里的一块地方用作锻炼——或者你可以只关注你可以在任何地方做的运动，比如跑步或骑自行车。

这些答案不必太"深入杂草之中"，但它们应该足够清晰，可以作为目标和任务的说明。

（2）可测量的。通过你的目标跟踪你的进步是保持动力的重要部分。一步一步地记录你的进步会让你充分意识到你已经完成了多少、还有多少路要走，特别是当你处于后期并试图保持势头的时候。

例如，尤其当你通过记录进步来实现锻炼效果时：你做了多少次重复练习？你跑了多少英里或骑行了多少英里？你在一

## 第二章
理解循环，打破循环

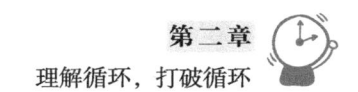

段时间内付出了多少努力？你每周减掉或增加了多少体重，或者塑造了怎样的体型？你离目标有多远？如果不测量，你就不会知道，你也不会去做。

（3）可实现的。务实地设定你的期望值。虽然拓展能力去成长很重要，但你的目标应该是你真正能完成的事情。如果你只在一家公司工作了6周甚至6个月，你可能不会晋升到高管的职位。在有限的时间内仔细估计你的现实可能性会帮助你逐步建立资源，并让你更有把握地规划成功。如果你的目标太简单，你就会感到无聊和没有动力。如果你的目标太难，你会气馁而放弃。

对于一个锻炼方案，效果应该通过许多种因素来体现。你的体型可能不支持大幅减肥或增加体重，所以你要知道你能完成什么目标，也许可以从更健康和改变饮食习惯的角度来实现它。你可能需要制订一个与你的日常计划相适应的锻炼计划，并根据你在时间表中能完成的事情来降低你的期望值。

（4）相关的。你觉得你的目标真的很重要吗？它是一项有用的或值得追求的事业吗？它能满足既定的需求吗？现在是驶入这条轨道的最好时机，还是太早了？在目前的个人环境下，它会有价值吗？你是把它变成现实的最佳人选吗？

就锻炼的例子来说，这并不是一个两难境地。保持健康

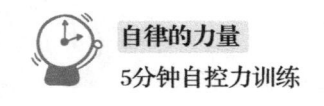

显然是一项值得追求的需求。你当然是实现这一目标的最佳人选。可以想象，你可能需要考虑几个与时间相关的问题——可能有一个实际的理由让你等待几个星期，或者什么理由都没有。

（5）有时间限制的。这是指有最后期限。这可能是"特定"类别中的一个额外的"何时"问题，但值得一提（另外，无论如何，我们需要一个"T"来完成缩写）。你需要一个最后期限来设定你的里程碑，并将你的注意力集中在终点线上。当然，这对于避免拖延至关重要。按照一定的时间框架设定你的期望值。你应该什么时候完成这项工作？你现在能做什么？6个月后，还是6周后？

就你的日常锻炼而言，在一段时间（2周、6个月、1年）之后，你期望达到怎样的体型或体重？把你的期望建立在你的SMART目标法中的其他因素上——但是，一旦你设定了最后期限或数字目标，就要坚持下去。

奥运会运动员每4年才有一次参赛机会。他们怎么能保持这么长时间的自律和动力？第一年可能是可以的，因为他们正在充满热情地跑步，第四年也可能是很好的，因为他们可以根据预期跑步。然而，中间的2年呢？这是艰难的时期，设定目标可以极大地增强自律能力。

## 第二章

### 理解循环，打破循环

**时间管理**。另一种方法可以打破缺乏自律的循环，那就是更好地管理时间。一般而言，时间管理是指在可用时间内完成指定任务的能力。这很简单——你的这项技能越差，你就越感到消极和不适，这会把你带到歧途上去。

开始时间管理的一个好方法是记时间日志。从本质上讲，你要记录至少一周内你每天的每分钟是如何度过的。这可以在纸面上、日历或电子日历上、电子表格中或者以任何最适合你的方式完成。你无论选择什么方式，都要残酷地诚实对待你的时间。这将提供最多的信息，并帮助你成为一名更好的时间管理者。

周末，你可以回顾过去，不仅可以看到你所完成的，还可以寻找趋势，寻找一天中你工作效率最高的时间段。接下来，你可能想把一天中最重要的任务安排在这个时间段内。也许你的时间记录会让你大开眼界，看看你到底浪费了多少时间。你花在社交媒体、上网等方面的时间有多长？如果你真的很真实地记录了你是如何使用时间的，那么这个记录会是一个真正有价值的工具。

实际上，时间管理几乎可以在任何时候帮助你打破循环。如果你的无益的假设是对未知的恐惧，那么时间管理可以通过建立例行程序和系统来帮助你，让你更好地把握接下来一天、

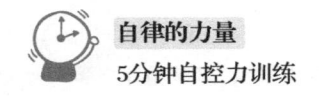

一个月等要发生的事情。

如果你感到不适——例如，焦虑或沮丧——一个好的时间管理系统可以帮助你保持现状或回到正轨，并给你一个运行框架来缓解一些不适。

当你找借口时，时间管理也会有所帮助。当你的日历上有安排好的事情时，找借口会变得更难。在你的日历上记录一个约会，你知道有一个最后期限，这会让你产生一种紧迫感，从而激励你采取行动，而不是鼓励你想出借口。毕竟，我们中的许多人都声称在时间限制下会工作得更好，所以你可以通过更好的时间管理来检验这一理论。

如果你处于回避模式，你在回避某项任务时，通常会将其替换为低优先级或较低优先级的任务。通过锻炼提高时间管理技能，你可以更好地为你的优先任务安排时间，但你也可以安排你的娱乐时间或休息时间。把这些都安排好，可以帮助你完成更重要的事情，因为你知道你有时间去做其他事情。

最后，当涉及后果时，时间管理可能是有益的。作为一名高效的时间管理者，你或许能够避免一些消极的后果。通过安排你的时间，你不太可能落后，因为那会给你和你的时间带来压力。你也可以避免任务失败，因为你已经提前做好

## 第二章
理解循环，打破循环

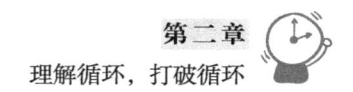

了计划。

### 小结：

- 你可能会忍不住认为你的自律是必须克服的孤立事件。这是错误的。自律不是在真空中存在的，它高度依赖构成自律循环的5个因素，或者，更准确地说，懒惰的循环。

- 这些阶段都是无益的假设（"生命短暂，所以我应该享受生命，不要把宝贵的时间浪费在洗那辆满是灰尘的汽车上！"）；故意回避责任会增加不适（"我宁愿不洗车。这很无聊，也让人很不适。"）；借口会减少不适感（"我不洗车是完全合理的。外面太热了，我都快融化了。"）；减少心理不适的回避活动（"我来打扫浴室。我还是很有效率的！"）；回避责任的消极的后果和积极的结果（"啊，我现在感觉好多了。哦，等等。我还得洗那辆车……"）——在这一点上，你发现自己又回到了起点，只是意志力和动力比以前更弱了，因为消极的后果会导致悲观，而积极的结果会造成自我破坏。

- 除了对周期的了解，以及你倾向于成为牺牲品，还有一些具体的方法来应对循环的5个阶段中的4个。对于无益的假设，相反，它体现了40%规则的强大信念。对于不适，改变你的

**自律的力量**
5分钟自控力训练

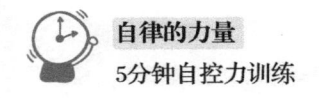

预期，积极练习适应不适，以建立你的精神韧性。对于借口，学会如何重新构思你的借口，避免陷入常见的陷阱和自欺欺人。对于回避活动，这只是一件看不见、想不到的事，如果找不到让你分心的事情，你就无法回避。

- 打破缺乏自律的循环的其他一般考虑因素包括制定目标以减少不适和改善时间管理、培养技能以停止如此频繁地找借口。快去打破循环吧！

## 第三章

## 是还是否？

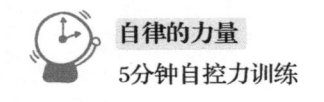

要建立自律，就需要自我监督。在某种程度上，你要能够意识到你所做的是错误的——意识到的这个时刻可能是在事实发生之后，但你还可能时不时地陷入其中。如果你不知道什么时候需要自律——无论是现在还是将来，世界上所有的自律方法都是没有用的。

这是从无意识到有意识的转换。从自发行动到刻意行动。而这一切都始于诚实看待我们正在做的事情。

遗憾的是，大多数类型的自我分析对我们来说完全陌生。这与我们与生俱来的（生活）方式背道而驰，因为它超越了我们的利己主义倾向。因此，这不是我们练习的一种技能，这导致我们经常无法解释我们为什么要做我们所做的事情。我们会这样做，我们会做出反应，然后有意识的想法就会出现——如果有的话。坦率地说，我们日复一日地走来走去，缺乏自我意识，以至于我们几乎不能复述我们通勤的步骤。

尽管自我分析是令人烦恼和痛苦的，但完全忽视或不了解自己是一个不可接受的选择。你不会因为故意的无知或缺乏远见而走得太远。你必须严格要求自己，问自己一些难以回答的问题。

这就是本章要讲的内容。它包含一些问题，当你在前进的道路上走到停靠站或岔路口时，你可以问自己一些问题，特别是当你感觉自己可能会放弃、陷入懒惰或不自律时，只要

# 第三章
## 是还是否？

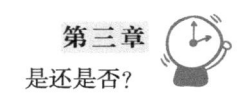

你有时间进行心理"签到"，你就可以（也应该）问自己这些问题。

然而，关于这些问题，有一个非常重要的方面：你对其中大多数问题的答案——无论你问问题时的情况是怎样——要么是肯定的，要么是否定的。没有灰色地带，没有"但是"，没有"这要看情况"，没有"我不知道"。只要回答是或否，言简意赅。

这听起来可能像是我在鼓励你建立一个错误的二分法：在这种情况下，你被迫在仅有的两个可接受的答案中选择一个，而实际上情况可能要复杂得多。当你不能清楚地回答是或否时，你可能会陷入困境。然而，你是对的。我就是这么做的。

原因是这样的。首先，冗长的答案可能会妨碍执行或更改。对这些问题给出一个复杂的答案可能会把你带进一个过度思考的"兔子洞"，可能会推迟你的行动。这被称为分析瘫痪。它也是产生借口的一条滑坡路，我们已经知道这是不好的了。

其次，更重要的是，只要对这些问题回答是或否——我相信，所有这些问题都可以得到更深入、更彻底的回答——这会迫使你要么陈述关于自己的严酷事实，要么知道你需要采取行

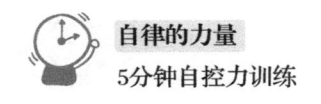

动。当你别无选择地含糊其辞、为自己辩护或过度解释时，你就不得不对自己做出敏锐、清晰的判断。如果你回答是或否的倾向超过50%，那就是你的答案。你为什么做或不做的理由、辩护或解释都无关紧要。要么你在做些什么，要么你没在做。大多数时候，当你被迫这样回答的时候，你不会喜欢你发现的东西。这会促使你采取行动。

棒球训练，你迟到了吗？

车太多了，你们没准时出发。这可能是真的，但这不是被问到的问题。相反，这个答案没有提供任何信息，并显示出类似程度的自我意识。在这种回应中，你几乎可以感觉到回避责任的企图。这个人不认为他是那种棒球训练会迟到的人。你在破坏他试图将自己的心理紧张程度降到最低的努力。

是。现在你已经得到了一个严酷的事实。你可以选择接受你的行为定义你，也可以在未来更好地自律来改变这个答案。这最终成为我们使用的是/否问题的重要部分。

重要的是，你没有改变任何事情——真相一直没变（事实上，你迟到了）——只是现在你承认了这一点。现在你看到的是事实，没有任何借口或理由。

自律的关键就在于你正在做你需要做的事情，尽管你想放弃，尽管你感到痛苦和不适，也只能如此。因此，你应该停止

## 第三章 是还是否？

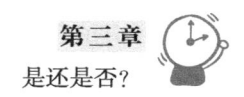

辩解和含糊其辞的习惯，简单地把事情做好，不管这些借口可能多有道理，毕竟，这就是你买这本书的原因。

路上有障碍，而且练习开始得很晚，我知道这些都是真的，但你能看出这些其实都不重要吗？在项目完成并提交的后期，你可以讨论所有的缓解因素、障碍、问题或并发症。先做好它，不要再兜圈子了。

有了这些，我们就开始深入探讨吧！当你感觉自己处在一个十字路口或到达你想去的地方的一个停靠点时，你需要问下面这些问题。把它们记在某处的记事卡上或许会有所帮助，甚至在需要的时候随身携带，将其作为指引自律的指南针。

第一，这种做法会在理想的自我和不想成为的自我之间产生鸿沟吗？

你希望这里的答案是否定的——你应该尽一切可能不做肯定回答。你理想的自我就是那个自律的人。

还有一件事：你必须诚实，真的诚实。相信自己是个撒谎高手——这是对你的赞扬，保持敏锐的警觉，以防任何诱惑。告诉自己，你所渴望成为的自我真的比看起来更接近你，或者差距并不是真的很远，诸如此类。

例如，你正在努力提高工作效率。你担心你的很多同事不

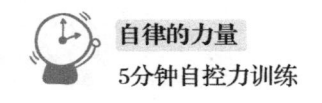

知道你为什么在工作——你人很好,但他们说不出你做过什么让自己变得不可或缺的事情。当你意识到有这种可能性时,会受到惊吓。你开始这样看待自己。

问题是,你在工作时感觉不自在。你焦虑不安,从来没有真正感觉到别人知道你是谁。你的社交生活中没有这个问题。事实上,当你向别人解释这件事时,你给了自己另一个自我,以表明当你在办公室的时候,你几乎是一个完全不同的人——这就是所谓的"雨"(Rain)。

"雨"很容易分心。他们在工作中花了很多时间上网,但并不总是在做与工作相关的事情。他们在会议上的注意力跨度不是很大。他们做的正是不被解雇的最低要求。然而如果有足够的时间,"雨"缺乏雄心和努力将使其成为多余的或可牺牲的人。

你想成为的那种人的名字,有些张扬,叫"钢铁"(Steel)。"钢铁"始终是有保障的。他们从不缺乏信心。他们对工作中发生的一切了如指掌。他们没有太多时间分心。如果"钢铁"有一段时间不工作了,他们很可能正在研究未来的项目或想法。他们很乐观,很有魅力。他们有很多答案(尽管他们会说:"我没有所有的答案。"但听起来并不绝望)。当然,他们的职业道德是首屈一指的,他们有着高度的自律。

## 第三章
是还是否？

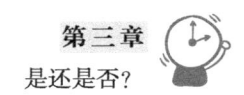

这里存在的冲突是理想的"钢铁"和不想成为的"雨"之间的冲突，前者是反映你最高价值观、标准和能力的那种人，后者是你有时可能沉溺其中但应尽量避免的角色。

你的行动会让你更接近"钢铁"还是"雨"？你会进一步远离你的理想，还是离实现它越来越近？

再说一次，这是一个回答是/否的问题。"可能会有一点差距，但最终可能是值得的。"或者"你看，这一次不同，因为……"都是不可接受的答案。你只能在"是的，差距更大"或者"不，差距不大"之间选择。不要为自己找借口或辩解，也不要给自己留出任何空间。

这个问题很重要，因为它提出了一种绝对可怕的可能性，即你实际上不是你想成为的那种人，你的身份处于危险之中。它增加了你欺骗自己的可能性；它造成了你的言行之间的冲突。它会给你的行为带来直接的后果，因为它会把你和"钢铁"或"雨"联系起来。

因此，你被要求保护你的自我价值和形象。说出"是的，我不是我想成为的人，不是我应该成为的人，也不是我引以为豪的人"可能会让你动摇，让你采取行动去改变。这可以激励你做出第一次努力，给自己灌输成为理想的自我的自律。这样，你不会被心理紧张压倒或去回避它，而是会精确地找到那

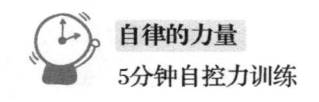

些对你不起作用的东西。

这个问题让人感觉有点对抗性，所以这里有一个替代的措辞："这样的行动是否让我更接近我的目标？"有些人只是更倾向于目标导向，而不是身份驱动。对他们来说，用到达里程碑或实现目标来衡量自己的进步比用（实现）自我价值来衡量要容易得多。最后，这个版本的是/否问题还将直接后果与你的行为联系起来。

无论你用这个问题的哪种措辞来问自己，都会让你考虑冷酷的现实。你是否真的按照自己的最大利益行事，让自己更接近自己的理想？还是你的工作有违你的利益？如果你得出的结论是，你不是在为自己的利益服务，那么你到底从这笔交易中得到了什么？牺牲值得吗？至少要让自己意识到你是在做取舍。

**第二，这一行动真的代表了我的意图？**

希望你的回答是肯定的，因为自律只有在行动和意图匹配的情况下才会体现出来。如果答案是否定的，你的行动实际上是为了什么？

假设你有一个写小说的目标。关于它你想得很多。当你在日常工作中，逐渐承担起另一项你需要完成的职责时，你仍然把自己想象成一名出版物作家——或者至少是写了一本完整的

## 第三章

### 是还是否？

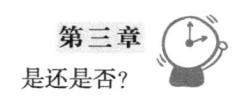

书的人。你在脑海中规划人物和情节，似乎无时无刻不在想着这些。

当你下班后或周末有空闲时间时，你会做很多放松的事情：去咖啡馆、散步、和朋友一起吃午饭、上网、晚上去酒吧、做其他一些基本的杂事。你可能会和朋友谈论你的书，他们至少看起来很感兴趣。

不过，有一件事你没有做，那就是在现实中去写这本书。你没有把任何东西投入写作。你的桌面上有一个空文件夹，等待装满大纲、想法和文本，但里面什么都没有。

你不一定做错了什么——但你的行为真的实现了你想要的吗？你是否在为完成这部小说而积极努力，并试图踏上成为一名全职作家的道路？

这就是你要问的下一句话：你的活动是否与你的意图一致？你的精神愿望正在转化为行动吗？你是在做你需要做的事，还是只是口惠而实不至？更糟糕的是，你的注意力是否偏离了你的最佳意图，导致你毫无目标地行动？最简单的例子就是你在用手机发送工作邮件，却被社交媒体吸引了注意力。

你在想象甚至冥想你的欲望时可能没有任何问题。你的脑海里可能有一个关于你想成为什么样的人的非常清晰的图景。然而，除非你真的加倍努力去实现这一目标，否则这些想法和

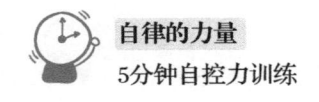

意图毫无意义。

你不会因为想出一个好的游戏而得到表扬、称赞或祝贺——你会因为做了一些事情而得到好评。你可以对你想成为什么样的人有非常清晰的愿景，但如果你正在做的事情不能直接促成这些，你就什么也得不到。愿景不能用来支付账单。例如，不要因为想送礼物给你的另一半而自吹自擂——这对他们来说没什么说服力。

这个问题的答案不仅影响了你的目标的实现，还触动了你性格的核心。如果一个人说得很好，但不能用明确的行动与之相匹配，那么他可能会被认为是不可靠的或不值得信任的。

你的声誉取决于你实际能做到什么。无论你脑子里的想法有多完整，如果你的雄心壮志与实际工作不匹配，那就是精神脆弱的表现。任何人都可以像作家一样说话，这可能对一次活跃夜晚气氛的有趣讨论很有好处。然而，如果你没有真正写这部小说，那么当讨论结束时，美好的感觉就会完全消失。言语和唤起人心的话语最终没有任何意义——行动才有。

这就是为什么这个问题很重要。再一次，和第一个问题一样，如果你的回答是否定的，可能更有帮助，没有任何条件、解释、脚注或借口，就是说"不"。希望这个"不"的冷酷冲击能促使你把你的意图付诸行动。

## 第三章
### 是还是否？

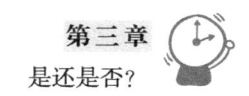

这个问题几乎可以适用于你生活的方方面面。"我是不是一个负责任的家长，让我的行为符合我对孩子们说的话？""我是否足够努力，能够实现学习一门新语言的目标？""在成为西半球最好的台球运动员方面，我真的足够努力了吗？还是我需要花更多的时间练习擦边球？"你心中的任何雄心壮志或目标，不管它是多么个人化或公共化，只要问问自己，你的行动是否符合你的意图，就可以很容易地解决。

是或否。这几乎总是足以让你朝着正确的方向前进。如果否，那是因为你的意图本身，而不是你自律的程度。

**第三，我只是不适吗？**

不适是件有趣的事。我们都尽最大努力去回避它，我们中的大多数人尝试某种形式的个人发展，正是因为我们想要生活中少一些不适，多一些宁静、轻松和享受。这又回到了一个假设，即我们永远不应该遭受痛苦，如果我们感到不适，我们应该采取任何必要的方式来结束它。我们认为：这种不适是无法忍受的。我讨厌它，我想让它停下来。有些事儿不对劲。

然而，果真如此吗？

你不想自律的原因是不是仅仅与不适有关，而不是什么真正有害的事情？你想在这里回答"不"，否则，你就是在承认自己在夏天会"融化"得比冰块还快。因此，你可能会意识到

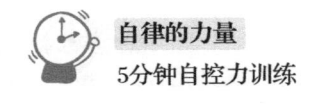

你在多大程度上丧失了自己的力量。

我们谈谈去附近的健身房（的例子）。顺理成章地，几乎任何身材好的人都可能乐于在公共场所锻炼，甚至在陌生人面前汗流浃背也不成问题。

对于那些身体条件普通的人来说，情况可能会截然不同。锻炼会让他们感到不适，原因有很多。从他们踏上跑步机的那一刻起，他们可能会觉得自己被监视和评判了。他们如果试图做一个手臂卷曲动作，可能会在一个显然已经做过成千上万次的人面前感到尴尬或胆怯。他们如果想减掉肚子周围的赘肉，可能会觉得别人在看着他们，并对他们进行严厉的评价。不适当然还包括随之而来的肌肉疲劳和酸痛。

因此，对于那些正在为去健身房而争论不休的人来说，仅仅是不适让他们望而却步，还是可能会产生真正的伤害？这就是第三个关于是/否问题的关键所在："我不想做这件事，只是因为它让我感觉不适吗？还是它真的对我有负面的、有害的影响？"

我敢打赌，一百次中有九十九次的答案是肯定的——只是让人感觉不适。你被赶出了你的舒适区。你会有一点儿精神上的痛苦。你会变得汗流浃背、疲惫不堪。你的大脑将得到最大限度的发挥。你可能会经历一些负面情绪，如压力和焦虑。你会恢复得

## 第三章
### 是还是否？

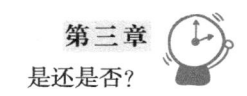

很好，不会有持久的影响。这一切都让人很不适。

之后怎么样了？

之后就什么都没有了。那么，你是那种只因为不适就会放弃的人吗？不管你会成为什么样的人，你都可以随意选择。你最坏的情况和最疯狂的理由只是提供了一个避免不适的站不住脚的理由。事实上，它们只不过是心理上的错觉。这个问题迫使你面对这样的耻辱：你很容易被不适阻止——不适不是，也永远不会是不自律的正当理由。因此，这种耻辱应该会促使你采取行动。这是一个是非二分法可以有效解决的问题。

我们做的每一件事都会带来某种程度的不便、不适或疲劳，至少在一开始是这样的。我们做的每一件事都是为了让自己变得更好，为我们的生活带来积极的改变。它甚至可能带来轻微的疼痛，特别是当你是第一次锻炼的时候。

然而，这些后果中有没有本质上有害的呢？它们真的破坏我们的诚信、威胁我们的健康、损害我们的理智了吗？不，它们没有。有一千句陈词滥调能反映这一真理，比如"没有付出，就没有收获"。让你的生活产生真正的改变需要达到一定程度的不适。我想不出任何一种情感上、身体上、精神上或职业上的改变是不会带来一些恼怒、疼痛、不便或麻烦的。如果没有不适，那么每个人都能做到。

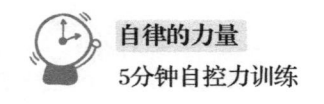

想想这个问题，当你做的每件事都会给你带来某种程度的不适时，你可以选择偷懒和无精打采，也可以选择行动起来。

**第四，如果我别无选择，只能自律，我该怎么办？**

我们暂时离开这一章的主题，因为这不是一个回答是/否的问题。抱歉，我忍不住了。尽管如此，答案还是要简短，并植根于现实之中。

让我们暂时假装你没有选择正确的道路，但是正确的道路是没有商量余地的。如果有一把枪指着你的头，你被迫自律，会发生什么？你可能会被迫承认绝对不会发生什么坏事，事实上，你会比以前处于更有利的位置。与上一个问题类似，你可能会感到不适，但你会挺过去并坚持下去。

我们回健身房的例子。你已经锻炼一个小时了。你刚刚接到一个电话，如果你的心跳降到某个特定的频率以下，你的家庭将陷入绝境，所以你跳上跑步机，努力抓住宝贵的生命。在这一点上，没有什么会让你感到舒服，因为你会感到疲倦、害羞，对自己的体味感到厌恶，到处都是汗迹，大面积的汗迹。你的肺在燃烧，你的嘴巴很干。

奇迹般地，这名罪犯在一小时后被抓获了。除了这些不适，你被迫锻炼还有什么可怕的后果？

## 第三章 是还是否？

没有。关键是要明白，我们梦寐以求的最坏情况永远不会发生，你的努力所带来的好处将是真实的，最终，你要付出的代价也不会太大。当你完成你所关注的行动时，你还活着。以后你可能甚至都不记得疼痛或不适了。如果你坚持做了，你可能会坚定地相信，为了到达你想去的地方，所有的痛苦都是值得的。当你强迫自己去做某件事的时候，你没有什么可失去的，你只会得到一切。

当你试图鼓起勇气自律时，想象一下你自己根本没有另一种选择。不要寻找捷径，不要寻找不那么费力的方案，也不要试图与自己讨价还价。甚至不要开始考虑另一种选择的可能性。再一次，用枪指着你的头，你会叹一口气，呻吟一下，然后开始你的任务，而不会有任何其他的后果。想象中的危机得以避免。

希望它能让你明白，你烦恼或轻微不适的短暂冲动是如何让你偏离计划的——并不应该如此。当你完成你觉得无法克服的任务时，你给自己机会去说："哦。这实际上并不是那么糟糕。"你从积极的结果中得到的满足感将足以把那些小小的烦恼从你的记忆中抹去。

**第五，"我不想"是不做某事的好借口吗？**

你已经知道这个问题的答案了——不是。希望它的表达方

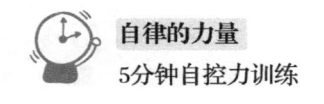

式能让你意识到,"我不想"有点儿像是一种享有特权的、懒惰的说法。你不想成为有特权和懒惰的人,是吗?不管你如何将其修饰或合理化,大多数时候,我们只是不想遵守纪律,因为我们不想这样做。

我们可以先扮演反方角色,以便考虑这个问题的各方面因素。

你为什么要做你真的不想做的事呢?生活本来就是一件非常复杂的事情。为什么要为一些你不想经历的事情而更加压抑,或是把精力放在那些让你在任何程度上都痛苦的事情上,即使它们会带来积极的结果?这会有什么区别?你没有自由的意志吗?要不要及时行乐、真正地生活,因为你只有一次青春?

这些都是真的。然而现在想象一下,那些没有你这些选择的人会怎样。

有些人不得不做他人不想做的事情来维持收支平衡。他们从事卑微或繁重的工作,或者做多份工作,因为他们必须这样做。他们中的一些人不得不照顾整个家庭,这可能会限制他们做真正想做的事情。事实上,他们可能太忙或太专注,以至于没有时间去思考他们真正想做的事情是什么。除了工作、吃饭和睡觉,他们没有时间做任何事情。他们确实从上一个问题中拿出了一把众所周知的"枪"指着自己的头。他们在一周中的每一天都要这么做。

## 第三章
是还是否？

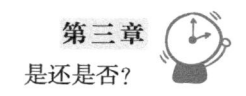

他们中的一些人可能对此非常满意——也许他们找到了所做的事情的意义，这对他们来说足够了。这是值得尊敬的。

然而，由于你还能支支吾吾和拖拖拉拉，你处于一个特权地位，可以拥有他们没有的选择。为了实现想要的目标，你必须忍受的琐事和任务是他们没有的机会。他们想有时间学习一门外语，培养艺术欣赏能力，或者花时间学习与他们所爱的人交流。他们还想选择不做他们需要做的事情。他们只是没有能力或时间，而你有。

说这些不是刻薄，但让我们诚实地说：如果码头工人听到你抱怨你在做仰卧起坐时腿抽筋，他可能会认为你有点，嗯，可笑。他别无选择，只能在凌晨5点起床，每天工作到晚上8点。从这个角度看如何？当然，你可以在健身房里更努力一点儿。你肯定可以每天早上整理床铺。那辆车终于可以洗了。

那么，我们希望这个问题的答案是否定的，这不是个好借口。每个人都会时不时地做一些他们不想做的事情，但有些人没有机会做任何其他事情。把这种认识转化为你能做到的感恩之心。这也不只是"正确的方式"：它会给你一个积极的看法，因为你不可能同时感到感激和消极。

花点儿时间想想那些每天都要做艰巨或可怕工作的人——如果有必要的话，把他们写在一张清单上。把自己放在合适的

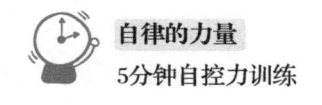

角度去看待那些为了达到目标而必须做的烦人的琐事。你能够做那些事情实际上已经是一种很大的自由了。

这些你想要回避的事情，只有当你将它们看作苦差事时它们才是。怀着感激还是恐惧的心态来完成一项任务，会产生截然不同的结果。从大局来看，你不会对自己要求太多，最终的结果将比抱怨更值得你去花精力。

**第六，我做的是正确的事还是容易的事？**

对不起，又偏离了本章的主题。然而，这仍然是一个很有帮助的问题，可以让你清楚地知道你现在或未来想要完成的是什么。

去健身房将是正确的事，而容易的事是待在家里。最容易的一些事还包括在网上研究健康食谱，或者做任何能稍微减轻你的负罪感的事。遗憾的是，做正确的事通常意味着做困难的事。

实际上，正确的事和困难的事几乎总是完全一样的东西。当有其他选择时，普通人通常不会选择困难的事，这就是为什么对于许多没有实现目标的人来说，自律往往是他们所缺失的。不管有没有意识到，人们都会朝着阻力最小的方向漂移。如果你不希望自己那样，你需要能够有意识地回答你是否在做正确的事。

## 第三章
### 是还是否？

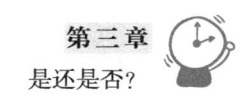

当你不能自信地说你在做正确的事时，你就错了——然后你被迫比较正确和容易之间的区别。如果你没有做你应该做的事，那么从你嘴里说出的任何其他事都成了借口，这很简单明了。

与其拐弯抹角、安抚自己的自尊心，你不如开始坦诚地面对自己的行为。把你的行为归类为正确的或容易的。

跑步减肥：这是一件正确的事。错过一次锻炼：这是一件容易的事。缩短锻炼时间：这是一件容易的事。

你不会因为"外面太热"或"太晚了"而放弃跑步，而是开始说："我今天不会跑步，因为我太软弱和懒惰，无法自律。"

实际上，你为什么要错过跑步？因为你很懒。你知道正确的事是跑步。因此，你选择了一条容易的出路。实际上，你变得极其诚实，并与自己对峙，这有时是传达信息的唯一途径。

你应该总是想要回答你在做正确的事情，这通常意味着你必须付出一点儿额外的努力。然而，当你始终如一地这样做时，额外的努力就会有回报。

例如，你可能有机会在考试时作弊。由于知道自己不会被

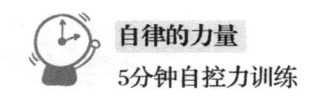

抓到，典型的学生很可能会利用这个机会作弊。然而，随着期末考试的临近，现在的考试环境受到了更严格的监控，以至于作弊是有风险的，甚至是不可能的。那些在之前的考试中没有作弊而依靠自己学习的学生实际上整个学期都学到了知识，并给了自己一个很好的成功机会，而那些整个学期作弊的学生在期末考试中什么都不知道。

实现你的目标和通过期末考试并没有太大的不同。当然，你可能会在一路上合理的捷径中获得一些小的成功，但最终目标会追上你，你会发现你并不具备完成目标所需要的东西。做正确的事在当下可能让你感觉更难，但当你坚持做这件事时，它最终会成为实现你目标的最有效的途径。

**要实现我的目标，有没有无法克服的真正的障碍？**

把这个问题想成一个借口破坏者。借口是表面上看起来很理性的东西，但实际上，它只不过是在试图摆脱一些困难或不适的东西——甚至只是让你稍微离开你的舒适区的东西。

听着，显然有时候你真的有很好的理由不去锻炼（你的双臂突然掉下来了？），但在通常情况下，无论如何都有工作要做（看起来像是艰辛的一天！）。事实是，我们给自己找的大部分不做某事的理由都是假的，而且在内心深处，我们知道这一点。

## 第三章
### 是还是否？

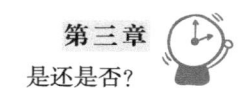

真正的障碍是什么？

想想看——一个真正不想做某事的人是不会去做的，不管这对他来说有多容易。他会编造许多借口来解释为什么他不做。而一个真正想做某事的人是无法被劝阻的，也就是说，无论出现什么障碍，他都会做想做的事。

这意味着做事甚至根本无关乎"障碍"。这关系到我们的意志、意图和自律。如果你发现自己在给自己讲一个有趣的小故事，告诉自己为什么你不可能做你说要做的事，停下来，仔细看看正在发生的事，然后问自己：在这条路上真的有障碍吗？还是，自己的态度就是障碍？

换个角度看——当然，可能会有障碍，但话又说回来，总会有障碍的。生活中有如此多的障碍，你可以说没有，因为在你的道路上有一些障碍几乎是常态。总会有一些东西——天气、金钱、其他人的愚蠢、疲劳、工作，什么都有。如果不是这一种，那就是另一种。

然而，这些障碍是无法克服的吗？大概不会吧。

你可以 ① 承认你只是在找借口，并拒绝相信它们，或者 ② 从表面上接受障碍，但拒绝让其有任何意义。也就是说，这肯定会很棘手，但那又如何？你会找到另一条路。如果我们说实话，这个问题的答案几乎总是否定的。

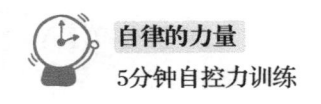

**如果我继续沿着这条路走下去，结果会是什么？**

容易、诱人、令人分心的事就在你的面前，承诺马上就能得到满足。然而，纵容掩盖了它的真实成本，它只会在未来显现。你现在的自我陶醉是否正在毁掉你未来的自我？换句话说，你正在做的事情会让未来的自己后悔吗？

这个问题的背后是激活长期思维、淡化只关注当前行动直接回报的倾向。这里有一组选项：

选项A：轻松愉快。

选项B：拒绝轻松愉快。

这个选择很简单，对吧？你选择选项A。生活很艰难，为什么不选最舒服的呢？无缘无故请一下午假，享受一下"款待"自己的感觉，或者草率地做一件工作，就是为了把它完成。然而，再看看这组选项：

选项A：轻松愉快，之后是内疚和羞愧（10分钟），然后是后悔（10天），对自己深深的失望（10周），接着感到你的梦想已经从你身边溜走，现在做任何事情都太晚了（10个月或10年）。

选项B：拒绝轻松愉快，之后没有什么特别的（10分钟），然后是有一点儿自豪，因为你有力量自律（10天），有更强的

## 第三章
### 是还是否？

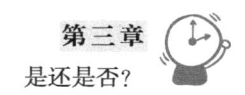

专注力（10周），完成你梦想的目标（10个月或10年）。

现在哪种似乎是更好的选择？当然，在每一种情况下都有这两种选择，只有第二种选择真正考虑了行为后果，并着眼于未来。问题是，所有不太有益的行为似乎都会有回报，这些回报会在稍后的账单上立即显现，而更好的选择需要时间才能显现出其优势。如果我们没有耐心、专注力和勤奋，我们总是会选择选项A……但以后还是要偿还的。古语"欲速则不达"多少抓住了这一观点（的精髓）。

行动是成熟的。有时，结果只在怂恿行动发生很久之后才完全显现。然而，通过问前面的问题，你正在纠正这种偏见，以获得现在的回报，并对一项行动的实际成本进行全面的核算。不要简单地根据你当下感受到的好处来选择某件事。当你选择某件事时，你也在选择那件事的后果，甚至是几十年后会发生的后果；你在选择未来几分钟、几天、几个月、几年会发生什么。还要问一问，如果你这样做了，将来还会有哪些是你更容易、更可能采取的行动。这些都是你真正想要的吗？换句话说，越是选择轻松愉快的，就越容易继续选择它。

下一次当你面临有可能破坏自律行动的事情时，问问纵容到底是什么样子的。看看可能的结果。问一下10分钟、10天、10周、10年后会发生什么。嘿！现在行动起来很有可能不会有

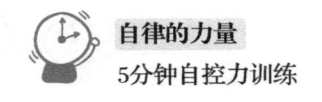

什么结果，最好抓紧时间好好玩，但至少要睁大眼睛选择那个选项。

## 小结：

- 是还是否？简单回答，不要胡说八道。这一章讲的都是自我反省，挖掘你回避自律的借口和理由。接下来是典型的自我意识，即你对逃避工作的看法有多随意。有六个问题需要回答，大多是回答是/否的问题，迫使你要么承认残酷的事实，要么采取行动。

- 这种做法会在理想的自我和不想成为的自我之间产生鸿沟吗？或者，这个行动会让我离我的目标更近还是更远？

- 这一行动真的代表了我的意图吗？如果答案是否定的，你的行动实际上是为了什么？

- 我只是不适吗？我只是让不适阻碍了我的目标吗？我就这么傻吗？

- 如果我别无选择，只能自律，我该怎么办？当然这不是最坏的情况。

- "我不想"是不做某事的好借口吗？你可能有能力使用这个借口，但那些永远不能休息、每次都必须采取行动的人怎么办？在感恩的同时又缺乏自律是很难的。

## 第三章
### 是还是否？

- 我做的是正确的事还是容易的事？通向目标的通常只有一条路，而且通常不是一条容易的路。

- 要达成我的目标，有没有无法克服的真正的障碍？这让你注意到，在大多数情况下，所谓的障碍不是问题，而是我们的态度。如果我们想做，任何障碍都不会阻止我们；如果我们不想做，即使我们没有障碍我们也不会做。

- 如果我继续沿着这条路走下去，这一行动的结果会是什么？把你的注意力从即刻的满足转移到未来，看看随着时间的推移，从10分钟到10年后的决定会有什么结果。当你选择某件事时，你也在选择那件事的结果，即使这些结果在一段时间内不会显现。

# 第四章

# 自律背后的神经心理学

**自律的力量**
5分钟自控力训练

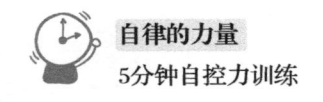

谈到自律，了解你的大脑是如何在自然运行情况下对你不利的，并养成聪明的习惯来对抗循环，这非常重要。然而，在这一章中，我们将研究一些额外的、终极的资源和你在日常生活中可以做的小事，让你有最好的机会真正实现你为自己设定的重要目标。

## 找出你在哪里

假设有一群完全自我激励、自律的人。他们会是什么样子的？他们对生活的态度是什么？他们的行为举止如何？

人们会对鼓舞人心的人和励志演讲者反应良好是有原因的——他们的生活就像一幅幅更有生产力和自我控制力的蓝图。他们就像为我们铺平道路的楷模，向我们展示了他们是如何做到的（或者至少有一种可以做到的方式！）

通常，这些人彼此之间没有太大的差异。他们似乎有一些共同特质和个人特征，而这些共同特质和个人特征是他们成功的基础。由此得出的结论是，如果我们想要行为更像他们，那么我们可以从发展自己的这些特质开始。也就是说，这不是做什么的问题，而是如何做的问题。

以下这些特质让你在生活中的任何领域都能成为自律的高

## 第四章
### 自律背后的神经心理学

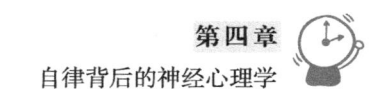

手,它们对于实现任何选定的目标都是必不可少的。

**强烈的使命感**——这就是你做每件事背后的重要原因。没有目标、召唤或激情这样的"烈火"在身后催促着你,你就没有真正的动力。要想变得高效和自律,你的目标必须是真诚的、明确的、发自内心的。

**寻找积极的导师**——你的榜样很重要。如果周围没有鼓舞人心的人,自律的人就会去寻找他们,用心珍视他们的支持、投入和指导。他们不是嫉妒或受到威胁才这么做的,而是被他人的成功所鼓舞。

**敏锐的视觉**——拥有自律的人看到了他们目标——他们真的看到了。闻一闻,听一听,甚至尝一尝。他们对自己的成功抱有幻想,而不是沉浸在失败的想法中。他们的大脑不仅充满了强有力的积极画面,而且他们的五种感官都充满了积极的东西。他们有远见的目标是以3D的形式想象出来的。

**坚定的自信**——那些投入意志力让梦想变成现实的人,必须从根本上相信这实际上是可能的,而且他们有能力做到。这可能意味着,即使没有人支持你的愿景,你也要自信。此外,严重的自我怀疑和缺乏自尊只会干扰你的自律。

**计划和组织能力**——当然,自律不仅需要远见和自信。能把事情做好的人是那些计划把事情做好的人。他们知道如何制

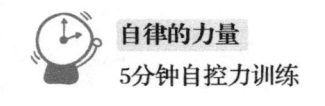

订行动方案，也知道如何协调和集中精力实现目标。混乱和杂乱无章会耗尽你的精力、浪费你的时间。

**对教育、学习和技能的高度重视**——对一些人来说，教育是一种义务，或者说是达到目的的一种手段。但对于高成就者来说，学习是一种生活方式，他们喜欢发展的机会，纠正误解的机会，以及挑战自己、走得更远的机会。

**持久的耐心**——在自己身上找到努力和动力是一件要做的事，但你能长期坚持下去吗？即使面对断断续续或延迟的回报，你能日复一日地醒来并继续前进吗？自律需要足够的耐心去等待行动的结果，并始终如一。如果没有这一特质，我们很容易放弃。当事情没有出现像我们第一次想要的那样的结果时，我们很容易退出，或者我们会去寻找快速的解决办法和技巧，而不是投入工作。

**视工作为娱乐**——在工作中取得好成绩的人通常会有一种心态，认为工作不是工作，而是一件愉快、有趣、引人入胜的事情。他们不会怨恨它，也不会觉得它无聊。事实上，他们可能认为"工作"和"娱乐"没有什么区别。这种态度意味着他们的行为是出于好奇心和内驱力的，而不是将工作看作加在自己身上的负担。

那么，你在这些特质上的表现如何呢？

# 第四章
## 自律背后的神经心理学

是时候反省一下了。你可以在任何时候对自己进行一次简短的评估，以便更好地了解自己的弱点，同时也要注意自己在哪些方面有所改进。当你知道哪些方面需要注意时，你可以更仔细地安排你的进度。

试试这个：对以下8个特质中的每个，给自己打分，每个为1分到10分，其中1分是最低分，10分是最高分。

强烈的使命感；

寻找积极的导师；

敏锐的视觉；

坚定的自信；

计划和组织能力；

对教育、学习和技能的高度重视；

持久的耐心；

视工作为娱乐。

你可以把每个特质的分数加总起来，然后将不同时间的分数进行比较，或者你也可以在几周或几个月的时间里做一些自我评估，看看你在任何一项中的进步。

当然，自我评估只是一张"快照"。这需要真正的诚实，

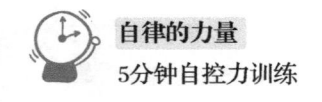

但光靠诚实是不够的——你需要从诚实中获得真知灼见，并真正做出积极主动的改变。你一开始可能会觉得有点傻，但如果你能具体地看到你在某一项中的进步，在量上，你可能会感到更有力量，并对正在采取的让自己变得更自律的措施更有信心。

同样，如果你正在尝试一种新的技术或方法，但在3个月后发现没有任何改善，你可以有把握地得出这样的结论：它不适合你，因为你知道你的决定是诚实的和由数据驱动的，而不仅仅是想拖延或找借口。

## 将自律特质带入生活

让我们更详细地看看我们如何才能真正培养出这些特质中的一部分。在每个方面或所有方面都有改进的实用方法，通常一个方面的改进会刺激和支持另一个方面的改进。就我们的目的而言，假设我们的主要目标是创造动力和灵感。我们想激发热情、提升精力，甚至变得痴迷，那些都是构建我们的梦想、开始实施我们所关心的事情的必要因素。

动机和灵感是情感上的反应，但它们也是上述特质的结果。如果我们在其中任何一个方面欠缺，我们的整体精力和动

## 第四章
自律背后的神经心理学

力都会相应地减弱。因此，被热情和目标点燃不是我们自己能直接造成的。然而，我们可以间接地创造合适的条件来点燃我们的热情——我们可以通过有意识的创造和自律来做到这一点，一步一步来。让我们再来看看这8个特质，以及培养每个特质的一些小窍门。

### 强烈的使命感

这件事的棘手之处在于，没有人能告诉你什么对你来说是有意义的或有价值的。它真的必须来自内部。许多人开始了他们认为的自律计划，但实际上，他们只是用老师或促进者的愿景取代了他们自己的愿景，假想出他们想要的就是他们所做的事情。

要加强你的使命感，你需要一样东西：自知之明。

你需要诚实而清晰地知道你是谁，是什么让你意识到哪些价值观很重要（而哪些价值观并不重要！）以及最终驱使你的是什么。不过，请记住，这种情况可能会随着时间的推移而改变。我们15岁时的生活目标，到了35岁时可能就不一样了。这就是为什么我们需要不断重新评估，这样我们才能微调或调整，以确保我们的目标就是我们的目标，并与我们作为个人的目标保持一致。

103

**自律的力量**
5分钟自控力训练

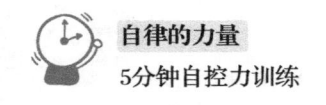

治疗总是有助于自我发现的，但有一些简单的方法可以提醒你自己的目标是什么。问问自己：

- 如果我突然中了彩票，我会怎么做？我看重的最终的人生价值是什么？
- 我希望未来的讣告上写些什么？
- 过去，当我有强烈的动力去做某事时，是什么驱动着我？
- 我最钦佩的人有哪些？他们对我有什么看法？他们身上的某些特质我也有吗？
- 哪些活动最能让我"入流"？

一旦你确定了你的价值观、目标和更深层次的指导原则，就把它们写在某个地方。这就像你的指南针，当你迷路、挣扎时，它会指引你回家。

## 寻找积极的导师

老实说，并不是每个人都有好的榜样。事实上，我们中的大多数人很可能被那些一辈子都在模仿消极、负面行为的人所包围，也可能我们发现自己处于无法充分发挥潜力的情况下。

幸运的是，我们可以选择。如果你在这一特质上对自己的评价很低，振作起来，你可以做很多事情来邀请高质量的人进

## 第四章
### 自律背后的神经心理学

入你的世界。俗话说，你最终会和你相处时间最多的5个人相似。无论这是真是假，毫无疑问，我们的认同感、习惯和心态都强烈地受到周围人的影响。这里有一个分为2步的方法可以尝试，以提高你在这方面的分数。

第一步，试着找出那些积极阻碍你的人。你知道那种人——悲观、挑剔、蓄意破坏，或者仅仅是刻薄，他们与你提升自我和实现梦想的努力背道而驰。你在这里的目标很明显：如果可能的话，减少接触他们或将他们从你的生活中完全去除。当然，如果不同意见激励我们或鼓励我们变得更好，那么批评者和持不同意见的人就不一定是有害的人。

第二步，找出那些对你的生活没有多大帮助的人。也许他们在你周围是因为他们一直在你周围，但他们既不会阻碍你的整体目标，也不会推进你的整体目标。有这些人在身边是很棒的，但你应该试着优先花时间与那些更积极地支持和教导你的人，或者那些你喜欢去指导的人在一起。

最后还有第三类人，他们包括那些站在你这边的人，会给你提供指导、帮助或支持，或者教你一些东西的人。如果这是互惠互利的，那就更好了！这些都是我们在生活中需要优先考虑的人。去参加社交活动，在小组或俱乐部中寻找和你做同样事情的人，甚至考虑邀请更高级或更有成就的人给你建议或帮助。

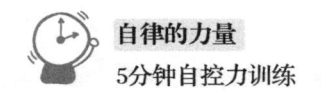

### 敏锐的视觉

好的计划很重要,但在好的计划之前要有一个好的愿景。问任何一位创作者,他们中的许多人都会说,早在他们迈出第一步将其赋予生命之前,他们就已经在他们的头脑中看到了作品完成时的样子。每一位创新者都会先看到一个可能的愿景,然后朝着这个愿景去努力。

然而,不要太执着于"看"这个词——你有太多的感官,而不仅仅是视觉!调动你所有的感官,召唤出一个你想要实现的形象,让它在你的脑海中成为现实。仔细考虑每一个细节。问题是,那些自我破坏、拖延和未充分发挥自己潜力的人会这样做——除非他们做事情消极。

他们生动地想象了彻底失败的情景。他们纠结于可能性——但只考虑消极的可能性。这只会滋生恐惧、怀疑、愤怒和冷漠。他们不是处于好奇、积极、有创造力和乐于接受的心态中,而是专注于问题,几乎是在把自己推向糟糕的结果。

设立一个愿景板,贴上拼贴的图像,让你想起你的目标。把你的愿景板放在你能经常看到的地方。或者,花时间积极地想象最终目标的细节。闭上眼睛,把你所有的注意力集中在你完成目标后的样子和感觉上。用尽可能多的细节召唤出这幅感官图像。你可能会发现,愿景并不像你曾经设想的那样清晰!

## 第四章
自律背后的神经心理学

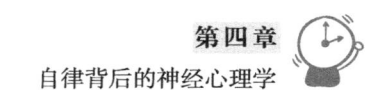

充实细节,你就会自动提升你的目标——调整你实现目标的计划。

### 坚定的自信

如果你的自尊心很弱,你的动力就不会维持很长时间。要更好地维护自尊心,你可以主要做三件事情。第一是承认并面对拒绝和失败,也就是接受它们。第二是知道如何自我监控,必要时给自己打气。第三是练习自我照顾和感恩——这两件事有许多共同点,比表面上看起来要多。

对于失败、拒绝或批评的预期可能是我们害怕尝试的背后原因。我们权衡自己面对未来挑战(的能力),发现自己有所欠缺。然而,我们可能低估了自己,高估了挑战,或者错误地认为失败就是世界末日、是我们不可忍受的事情。

然而,果真如此吗?与其说一切都会好起来,不如反其道而行之:说你可能真的会失败……但那又如何?你可以失败,你可以再试一次,失败不会定义你。事实上,你喜欢失败,因为它是最善良的老师。

冥想和正念练习可以帮助你密切关注最宝贵的资源——你的心态。如果你发现自己感到怀疑或在自我批评,要提醒自己无论成功与否,你都是绝对有价值的和珍贵的。重要的是你的

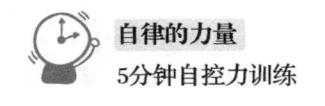

态度和行动。保持好奇心，振作起来，继续前进。

最后，确保你的自我照顾是有序的。保证足够的休息。即使你在通往更宽、更好的道路上，你也要善待自己，学会欣赏你所拥有的一切。感恩和同情心可以让一切变得不同。

## 计划和组织能力

这是进行自我培养的一个更简单的方面。

- 整理你的办公桌和其他工作空间——杂乱会耗尽你的意志力和注意力。
- 在你的个人电脑或手机上安装防止你在固定时间内浏览互联网的应用程序，迫使你专注于手头的任务。
- 打印一张大日历，让你可以一目了然地掌握每个月（的进度）。
- 承诺每天最多专注于三项任务，不能再多了。把这些任务安排在你感觉最精力充沛的时间，并舍弃其他任务。
- 尽可能地将较小的管理任务自动化，这样你就不需要记住太多的小事，可以专注于大局了。
- 无情地对待纸张——当你遇到一张纸时，立即采取行动（例如，将它归档）或扔掉它。
- 每个周末，花一些时间写下你取得的成就、没有做到的地方、做得好的地方，以及你可以做得更好的地方。问

# 第四章
## 自律背后的神经心理学

一问自己什么事对你的使命没有帮助,并制订一个计划,在接下来的一周里移除这些没有帮助的事。
- 尽你所能地授权。保持有条理的很大一部分是确保你没有放太多的东西在自己的"盘子"里。
- 记住 80/20 法则——大约20%的行动会产生80%的结果。只关注那20%,而对其他的一切都轻描淡写。
- 如果你不做清单上的其他事情,那就停止同时处理多项任务。相反,做"深入的工作"并集中精力——把一件事做得非常好,总比把时间浪费在一百个小项目上要好。

## 对教育、学习和技能的高度重视

这有点讽刺——人类想要变得更好,想要提高和拓展自己的视野……但他们也害怕改变,讨厌一无所知,不想冒失败的风险。这看起来很傻,是吧?

重视教育就是接受这样一个事实,即如果你活着,你在某种程度上就永远是个新手。学习需要一定程度的不适、难受和努力。只有在你愿意接受这些的情况下,你才能享受进一步培训和教育的好处。

要培养对学习的真正热爱和尊重,你需要付出努力。强迫自己。在每个周末或月末,问问自己你学到了什么。你有什么好奇的吗?做个笔记,找出你能学到更多的方法。谁比你更了

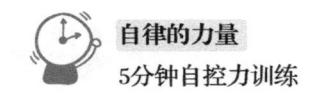

解这个话题？你能问他们什么问题？你的失败如何让你更好地再试一次？

下一次当你遇到一些看起来很有挑战性或太难的事情时，不要耸肩，也不要转身离开，假装你可以理解它，再努力一点点。报名参加免费的在线课程，提高技能。看到一篇文章中的生词了吗？查字典吧！如果有人说了一些有趣的事情，不要为了面子而假装已经知道——让他告诉你更多。学习的机会无处不在——上网、培养爱好，或者更深入地挖掘你生活中那些看起来神秘或困难的部分。

哦！还有保持学习的必经之路：**阅读**。自律的高手几乎都有相同的阅读习惯，如果可能的话，每天都阅读。

### 持久的耐心

如果你只坚持了一个下午，然后想知道为什么你的生活没有发生神奇的改变，那么做以上所有的事情都没有什么意义。放弃速战速决和一夜成名。并没有什么黑客攻击或作弊代码（事实上，从长远来看，这类东西往往成本更高）。

相反，你应该经常问自己："我能做出的最小的、可持续的改变是什么？"不是最大的飞跃，也不是最宏伟的计划。然而，你可以从容不迫地日复一日、月复一月地重复这么做。

从习惯和行为改变的角度，而不是从一劳永逸的成就的角度去思考。关注过程，而不是结果。

例如，你可以每天步行30分钟。你不是要跑马拉松，也不是要减掉50磅。你每天只需要集中精力走30分钟，就是这样。你当然可以为马拉松做准备，或者逐渐减掉所有的50磅，但这不仅仅是你每天、每时每刻都要关注的事情。每天迈出一小步，第二天重复这么做。贪多嚼不烂只会让你更早放弃！

如果你的动力真的很弱，休息一下也没什么，但要让它富有成效。问问你自己，你的目标和方法是否真的有效，看看你是否可以做出任何调整，给自己一段固定的时间重新振作起来。

### 视工作为娱乐

注意你的言辞！不要说："我必须做X、Y、Z"，而要说："我选择做X、Y、Z。"事实上，如果可以，不要把它叫作工作。你在学习、创造、成长。如果可能，使用某些游戏化策略为你的"工作"带来更多乐趣和自主性。

下午在户外工作，或者尝试一种完全不同的方式。实验、玩耍，看看会发生什么。记住，没有人强迫你自律。相反，这是你刻意追求的东西，因为你已经有点儿知道，归根结底，你

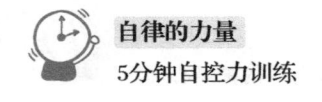

会觉得这样的生活更有意义。

## 持久激励和自律的不变原则

### 不存在一个理想的开始时间

"太好了！"你想，"这听起来是个好主意。总有一天我会试一试的。"那么多希望和梦想在那个被称作"有朝一日"的奇怪的无人之地破灭了。我们中有多少人浪费时间和精力，是为了等待在遥远未来的某个更好的时刻开始？

现状是舒适的、熟悉的，而且已经在如火如荼地发生着。打破这种势头需要努力和不适。你开始告诉自己还不能开始的所有原因了吗？那只是普通的老借口。正确的时机永远不会真正到来，你在等待的过程中，会无限期地推迟开始的时间。

你可能会认为，等事情变得更容易的时候再做会更有意义。你不能现在就开始写小说，因为工作很混乱，下个月就会有所缓解。或者你很快就会开始求职，等到周末你有时间的时候（再开始）。又或者更糟的是，你只能等待事情在总体上有所改善之后（再开始）……

然而，结果是显而易见的——后来，还有其他一些原因阻

## 第四章
### 自律背后的神经心理学

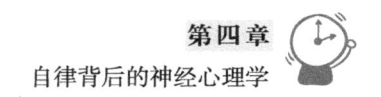

止你采取行动，以此类推。

未来，唯一的等待就是采取行动。即使你不确定，即使你感觉没有准备好（其实，你永远不会准备好），即使你有点儿害怕，也要行动起来。走出舒适区一大步的意义在于它是陌生的，这有点儿吓人。等它不吓人了，你得等很久。

然而，对自己不要太苛刻，你不需要一下做完所有的事情，也不需要做得尽善尽美。你甚至不需要喜欢你所做的事！你只要去做就行了。从这个意义上说，你身上的压力比你想象的要小得多。你只需在正确的方向上采取一个小行动，不要让自己回避它。

等待理想的开始时间是完美主义者的伎俩。它表明了一种对工作过程、做事不得体或犯错的不宽容。不过，这样想吧——任何努力的第一阶段通常都是尴尬的、困难的、缓慢的或有点儿不愉快的。既然你现在就可以开始，把它做完，为什么要把这一切都推迟呢？这就把我们带到了下一小节。

### 小步走，而不是量子飞跃

是的，你要对终点有一个完整的愿景。你需要知道你正在为之奋斗的目标，并将其牢记于心。然而，在日复一日的生

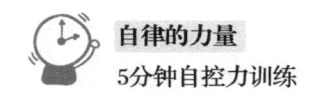

活中，你实际上可以忘记所有的宏伟计划和伟大想法。这是因为，从日常层面来看，即使最宏伟的计划也是微不足道的。想想米开朗基罗画西斯廷教堂的情景——有些日子，他只是在一小块不起眼的几平方英寸（的天顶）上作画，后来又把它擦掉了。

你需要把"镜头"拉远，拥有宏大的视野，但你也需要把"镜头"拉近，专注于所有微小的数不清的步骤，这些步骤会一点一点地带领你走向那个宏伟的愿景。如果你每时每刻都只看到远大的愿景，你可能会觉得日常工作不堪重负。看到还有那么多事要做，真让人泄气！然而，如果你在这个问题上停留太久，那么你可能还没有开始。

当你以小的、可实现的任务来调整自己的节奏，并定期不断完成这些任务时，你就会养成习惯，然后这些习惯就会自动发挥作用，而无须不断注入意志力。更重要的是，你不会灰心丧气，因为你每天的任务并不是做出巨大的转变——你只需要清空盘子里的东西就可以，明天重新开始。

迈出一小步让你保持心理上的激励和良好的前进动力，这样你就不会停滞不前，给旧习惯一个重新开始的机会。即使你仅仅进步了一点点，你还是进步了。把这个数字乘以一个月或一年，你很快就会有所累积。

因此，如果你感到不知所措或气馁，那就停下来，深呼吸，把事情分解成小部分，只做其中的一个部分。如果它看起来仍然无法克服，那就进一步分解它。如果你在做一个项目上拖延了很久，告诉自己现在不做超过一分钟的事。别想了，开始吧！告诉自己你可以在1分钟后停下来。问题是，当你到了1分钟快结束时，你还有另一个选择：你能再多做1分钟吗？也许你做不到。然而，很有可能，你能做到。不知何故，这样做60个小增量比强迫自己做整整1个小时要容易得多。在实践中，一段时间后，动力开始发挥作用，你会发现阻力消失了。然而，你必须迈出第一步。

## 灵活运用你的内部动机，而不是你的外部动机

这就是不同之处。外部动机来自外部，即来自他人或环境的奖励或惩罚，而内部动机来自内部，即来自你自己的动力、激情或承诺。因此，如果一个孩子做家庭作业是因为他自己喜欢，并且喜欢因为完成了任务而获得的满足感，那就是内部动机。如果他从根本上觉得没有价值，只是试图证明自己能做到，这也是内部动机。

然而，如果孩子这样做是因为他们不这样做，老师会找他麻烦，或者因为他喜欢这样做时父母对他的赞扬，这就是外部动机。在生活中，人们做事情的动机是复杂的，其中一些原因

**自律的力量**
5分钟自控力训练

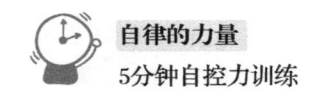

是无法理解的，甚至他们自己也无法解释。总体而言，当谈到自律和积极的生活时，你需要瞄准内部动机。

然而，坦率地说，被贪婪、恐惧、同龄人的压力等驱使会让你有所成就，至少最初是这样。员工会在被解雇的威胁下工作，即使出于各种错误的原因，世界上也已经有了很多成就！

我们怎样才能应用这些理论知识？

外部动机没有错，但仅仅有它们还不够，它们产生的效果也很难持久。对于那些你根本无法获得真诚动机的任务，比如每天刷牙或冬天清理排水沟，外部动机很有效。你不需要对这两项任务中的任何一项充满热情，你只需要去做。如果你害怕不这样做会发生什么，那就做吧。

然而，对于生活中更重要的领域，内部动机更合适。你需要与你的价值观、你最重要的动机联系在一起，如果你不这样做，你很可能是在外部动机的驱使下工作的。定期问问自己："现在是什么在驱使我？"内部或外部动机可以是积极的，也可以是消极的，还可以是混合的。然而，你需要了解是什么在推动你的行动，并掌握控制权。这需要诚实和自我意识。问问自己：

- 如果我没有工资，或者没有人注意/关心，我还会继续这样做吗？

- 我是否发现了这项活动本身的价值？或者，我这么做只是为了获得最终的结果吗？
- 我的行为是出于恐惧、不安、自我怀疑还是渴望得到认可？
- 我的目标和价值观是什么？这些是我的还是我从别人那里学来的？

## 不要让自己陷入诱惑

世界就是由诱惑组成的。每家超市都充斥着令人上瘾的不健康食品。你随身携带一部手机，无论如何，手机都是专门为吸引和保持你的注意力而设计的。人们可能会持续分心和沉溺于看似无穷无尽的欲望。朋友和家人可能会引诱你放弃你精心设计的计划，或者你可能会屈服于Netflix（一个流媒体播放平台）上任何令人上瘾的新一集节目，又或者你只是从一个强迫性习惯跳到另一个习惯，你的意志力一直是松懈的。

这就是生活的现实，诱惑不会消失。因此，我们需要学会处理它。你的意志力是有限的，需要将其明智地编入预算。面对诱惑，你可以勇敢地抗拒，但不会持续太久。一个好得多的策略是定位自己，这样你从一开始就尽可能少地暴露在诱惑之下。换句话说，回避诱惑。

**自律的力量**
5分钟自控力训练

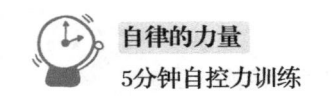

你应该更容易坚持你的承诺，而不是屈服于诱惑。经典的例子就是不要把不健康的零食放在家里，以免自己暴饮暴食。实际上，你允许自己吃不健康的零食——但前提是你必须坐进你的车，出去购买。因此，没有自律的行动太难了，有自律的行动是被默许的。把你的生活尽可能多地安排成这样。

- 把你的信用卡切成两半，交给别人保管，或者把它冷冻起来（是的，在冰箱里的一块冰里！）。因此，你不能轻易地获得它或透支。
- 把闹钟放在房间的另一边，这样你就需要站起来把它关掉，避免躺在床上再打十几次盹儿。
- 如果你忍不住想要不忠，那就完全避开那个人。（这不是个好话题，但你明白了——为什么要给自己一个机会让自己慢慢地去接近明知不好的人和事呢？）

最后一个重要提示是：如果你真的屈服于诱惑，别小题大做。原谅你自己，快点，马上回归正轨。无论你做什么，都不要因为内疚和羞耻而自责……然后说："好吧，我已经把一切都毁了，不如放弃吧！"不要让小诱惑变成更大的诱惑。

### 排除干扰

你已经知道了不要一心多用，最好一次只专注于一个项目。当光束聚焦于一点时，它的作用就像激光一样，可以切割

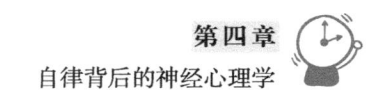

金属。当没有聚焦时，同样的光束是微弱的和漫反射的，甚至几乎不能照亮东西。

在某种程度上，专注和自律是一回事。自律是将所有的光束集中到一个地方的持续努力，本质上是对无数分散注意力的事情说"不"，这样你就可以对你认为更有价值的单一目标说"是"了。

这里有一个难以接受的事实：我们中的许多人甚至没有意识到①我们的注意力正在偏离；②到底是什么在让它偏离。

第一步是简单地意识到你的大脑正从它的任务中抽离，第二步是找出原因。只有在你完成这两步之后，你才能做一些事来重新获得专注力。可悲的是，现代世界被设计成让你分心、麻木和平静的世界——这与实现你的目标所需的精神状态完全相反。

常见的干扰包括手机或（其他通信）设备（把它们调到静音状态，放在另一个房间里，或设成免打扰状态）、电视（一旦你看的节目结束就立即关掉它，或者完全不看电视），或者一个不适和杂乱的环境（使用隔音耳机、竖起请勿打扰的牌子，或者清理你的桌子，只保留你手头任务需要的材料）。放慢脚步，对你的专注力的去向保持高度的敏锐度。养成问自己的习惯："这是我现在要关注的吗？"

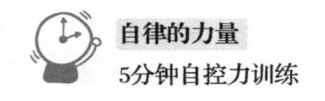

## 用正念监控冲动

为了扩展分心的概念，使用正念的力量来观察你短暂的注意力，看看它去了哪里、为什么去了。冥想和正念练习对任何困扰你的事都很有用。如果你觉得你的大脑被收买了、破碎了、失控了或被无法抗拒的冲动淹没了，它们会特别有用。

试试这个方法。给自己设定一个时间，比如10分钟，从逻辑上讲，你知道你唯一需要担心的就是你面前的项目，不管它是什么。现在，集中你的注意力。注意，你如果有任何冲动想把焦点转移到其他东西上（查看手机、打开浏览器看YouTube、去找点儿零食……），就告诉自己，在这10分钟内，你不是必须做你的项目，但你绝对不能做其他任何事情。

如果你的大脑走神了，注意它，然后把它带回任务中去，只有10分钟（实际上，如果你习惯了分心，这会像是永恒！）。试着专注，冲动只是短暂的欲望瞬间，很快就会消失。还要注意的是，你并不一定要遵循其中的每一条规则。你越能练习客观、冷静地看待一种冲动，并决定不去追求，分心的事情对你的影响就会越小。你可以耸耸肩说："哦，你好，分心。你还好吗？太棒了。现在你走吧。"

练习正式的冥想将有助于你进一步加强这种能力。保持

# 第四章
## 自律背后的神经心理学

对诱惑和干扰的意识，然后始终如一地决定你想把意识放在哪里。然而，没有必要做出判断或解释（"你真是个容易分心的傻瓜。拜托专注吧！"），只需注意并调整即可。你的专注力就像任何肌肉一样——持续使用会让其变强。

### 与让你不适的人交朋友

例如，你制订了一个减肥计划，并用美好的最终结果填满了你的大脑：你感觉苗条、纤细，而且感到满意。你开始了节食和锻炼计划，你感觉很棒，但在遇到第一个障碍时，你会跌跌撞撞地回到你的老路上。为什么？这是因为那种伟大的感觉（"万岁，我瘦了！"）与阻碍你前进的障碍、挑战和不适的冷酷现实（"嗯，健身房的会员费比我想象的要贵……"）之间有冲突。

换句话说，你没有预料到不适，所以当它出现时，你就偏离了轨道。然而，问题是，不适总会出现！根据定义，离开我们的舒适区是不适的。是的，当你实现你的目标时，你会感觉很棒……但与此同时，你可能会比什么都不做感觉更糟。

再读一遍最后一句话：提高自己或寻找目标会比现状更让人不适。这不是一个缺陷，而是一个特点。如果你没有预料到和计划好它，它每次都会破坏你的计划。你能做些什么来解决这个问题呢？

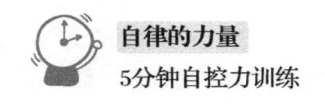

反其道而行之：不要只期待不适，而要尽情享受它，把不适找出来。当你节食时，不要在脑海中充斥减肥是多么棒的画面；相反，要沉浸在你有时会感到饥饿、懒惰或想要放弃的事实中。当你能够接受这些并为其做好准备时，你就释放了这些感觉对你的束缚。

把不适视为改变的证据。如果你觉得自己很笨，那就好——这是你处在一个完美的学习环境中的标志。那些痛苦、疼痛、担忧和疑虑怎么办？欢迎它们——它们是你为追求更好的东西而付出的代价。看看如果你故意洗冷水澡会发生什么。试试把获得满足感推迟一段时间是什么感觉。如果你感到害怕或懒惰，请自嘲。毕竟，这只是一种不适——它不会要了你的命！

## 使用可视化的力量

让我们回到减肥的目标上来。一方面，你的目标体重是一个很诱人的愿景；另一方面，你受到一个诱惑——比方说，你的朋友刚刚给了你一块巨大的蛋糕。通常，我们选择可以立即让人感到满足的选项（现在的蛋糕），而不是稍后实现的选项（达成目标），只是因为我们无法真正意识到推迟到未来的目标的价值。换句话说，我们通常现在选择100美元，而不是以

## 第四章
### 自律背后的神经心理学

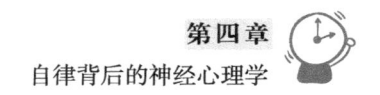

后选择200美元——这是不合逻辑的，但我们的大脑有一种选择立即满足的倾向，它高估了摆在我们面前的东西。

人类的倾向是低估那些只有在未来才能实现的利益。我们只关注当下——事实上，单从当下的情况来看，有一块蛋糕总比没有蛋糕好！然而，你可以看到，在这样做的过程中，你基本上是把自己交给了周围环境中最嘈杂、最具诱惑力的让人分心的东西了。这是你缺乏重点和缺乏目标的原因。你得到的是一连串令人愉悦的短暂时刻，但从长远来看，你对任何有意义的事情都没有感觉。

有一个很好的方法可以抵消这一点：发挥你的想象力。清晰地将你的最终目标形象化，你可以更具体地将好处带到当下。因此，比较是真实存在的：你是想要这块美味的蛋糕，还是想在减肥后感觉健康和有吸引力？这是一种更现实的看待事物的方式。

一个好习惯是教自己在做任何决定之前停下来，回想一下你的目标和意图。让内心安静下来，想象你正在努力实现的目标。在内部建立起这一目标，感受一下你有多想要它，看看一旦你实现了它会有多好。现在睁开眼睛看看诱惑——它真的值得你放弃所有的计划吗？

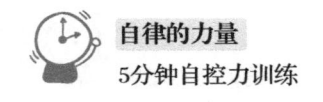

## 让未来的自己引导现在的自己

换句话说,你如果实现了目标,就会注意到你将变成什么样的人。想象一下你想成为的那个人,在一个潜在的未来里,他已经实现了你想要实现的目标。花点儿时间使这个人具体化。他在做什么?他在想什么?他感觉怎么样?他住在哪里?他和谁在一起?尽可能具体化这个想象中的未来。

现在,让这个版本的你给现在的你来一次鼓舞士气的演讲。你看,此刻,最强烈的是冲动、沉迷和短暂的欲望,但是未来的你会怎么看待这块蛋糕呢?他会给你什么建议?从这个角度来看,看看你的选择,然后做出决定。

通过这样做,你再一次将无形和抽象的未来带入现在,现在你可以适当地权衡。你可能会在当下狼吞虎咽地吃蛋糕,并喜欢它,但未来的你会感到难过,并为再次破坏更大、更重要的目标而感到内疚。因此,还是听他的话吧!

我们很容易看到诱惑带来的直接好处,却忘记了未来的代价。反过来,故意淡化眼前的满足感,放大长期后果。因此,当你看着一块蛋糕时,你看不到美味和令人惊叹的东西;你看到的是因为没有自律而产生的内疚、不好的感觉和对自己缺乏信心。你看到自己重新开始,并比以前离你的目标更远了。突然之间,蛋糕看起来不那么好吃了。

# 第四章
## 自律背后的神经心理学

## 知道如何在陷入困境后重新振作起来

是的,你会面对分心的事。是的,你会感到不适。这条道路将是慢长的,有时还会是枯燥乏味的,目前你几乎没有回报。还有一点:你会犯错。

在旅途中,要预料到你可能会在某一时刻屈服于诱惑,或者会在前进两步后再后退三步。现在,这并不意味着你做错了什么。这并不是你设定的目标太难的迹象,也不是你最好放弃一切甚至不再烦恼的证据。这不是允许自己懈怠或在为自己找借口,也不是让你把一个小失误变成一个大失误(例如,"我已经吃了一块蛋糕了。还有吗?")。

这只是这一过程中正常的、意料之中的一部分。你没有错,也不是不好,你只是想做一些本质上困难的事情——改变。事情并不总是按计划进行的。有时你会有点儿失落,或者对结果感到失望。有时你会感到疲倦、沮丧或没有条理,你做得并不像你想象的那样好。

那又怎么样?

这些时候的宽恕不是借口——事实上恰恰相反。正是这种精神状态让你能够尽可能快地重新投入。如果你沉浸在自怜或自恨中,你只会推迟回去工作的时间。当然,你可以感到沮丧,但不要让这阻止你变得积极主动:承认失败,找出原因,

**自律的力量**
5分钟自控力训练

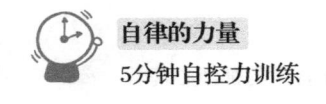

并承诺下次做得更好。真的没有其他办法了。

生活有时会击垮你,但你情绪低落的时间越长,旧的精神习惯就越容易重新站稳脚跟。不要跳过一个节拍或失去任何动力,只要重新站起来、继续前进就行了。宽恕是你送给自己的礼物——它说:"是的,那是不好的,但我会放下消极情绪,把专注力放在好的方面。"然后你就这么做了。

不要追求完美——完美是脆弱的、不可能的、令人焦虑的。相反,把你的专注力调整到现在可以做的事情上,让你面对正确的方向,再次走上正确的道路。你可能会惊讶地发现,以这种方式夺回控制权是多么令人欣慰。

**小结:**

- 面对自己大脑的局限,你要诚实地评估自己所处的位置和运作方式。养成习惯,定期从以下几项对自己进行评估,每项为1分到10分:强烈的使命感,寻找积极的导师,敏锐的视觉,坚定的自信,计划和组织能力,对教育、学习和技能的高度重视、持久的耐心、视工作为娱乐。
- 自我反省可以让你准确地看到你需要在哪些领域下功夫,并看看你的努力是否取得了进展。

# 第四章
## 自律背后的神经心理学

- 根据你认为自己哪些方面是落后的，你可以做很多改进。
- 要想获得更强的使命感，你需要培养自知之明，深入挖掘自己真正的价值观。要找到积极的导师，可以联系其他人和建立关系网，或者干脆向有成就的人寻求帮助和建议。
- 为了获得敏锐的视觉，设立一个愿景板或练习可视化，想象一幅生动的、五官可感知的最终的目标图像。为了增强自信，积极地看待失败和拒绝——向自己证明你作为一个人的价值不是来自这些事情。冥想、正念和自我照顾对培养自我同情能力也大有裨益。
- 要有更好的计划和组织能力，应先清理你的大脑和工作空间，减少让你分心的东西。养成习惯，让你可以全神贯注、被委以重任和集中注意力。
- 要培养对教育、学习和技能的高度重视，就得坚持阅读。保持好奇心，问问题，在你能学到东西的地方学习。为了提高耐心的持久度，把重点放在你能做出的最小的、可持续的改变上，并每天坚持下去。要视工作为娱乐，那就改变你的语言。不要说："我必须做X、Y、Z"，而要说："我选择做X、Y、Z。"记住，没有人强迫你做最好的自己。
- 关注几条持久激励的主要原则。这些包括：不存在一个理想的开始时间；小步走，而不是量子飞跃；灵活运用你的内部动机，而不是你的外部动机；不要让自己陷入诱惑；排除干

**自律的力量**
5分钟自控力训练

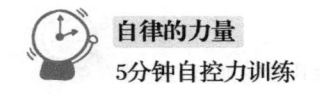

扰;用正念监控冲动;与让你不适的人交朋友;使用可视化的力量;让未来的自己引导现在的自己。
- 最后,最重要的可能是,要认识到自己会犯错,但要随时准备原谅错误,从错误中吸取教训,并在下一次变得更好。

## 第五章

# 日常习惯

**自律的力量**
5分钟自控力训练

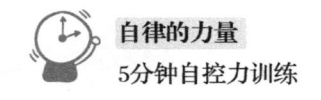

每隔一段时间,作家就会遇到一种叫作"作家障碍"的东西。这是一种无法将文字挤到纸上的心理状态,无论他们怎么努力,也想不出自己想要写的是什么。这就像试图从石头里取水一样。出现这种情况的人可能几个月都不写作,甚至他们以后都不再写作。

然而,在大多数情况下,只要设定每天随便写750个字的目标,作家障碍就可以很容易地被克服。

请注意,这是一个与作家传统目标截然不同的目标。

在通常情况下,文字不会大量涌现,因为它们太珍贵了;一些作家认为每个单词、逗号和短语都会产生巨大的影响。因此,他们被压抑的时间越长,想要变得伟大的压力就越大,这听起来像我们又回到了懒惰的循环中,不是吗?作家可能会相信,写下的每一个字都应该一字千金,然后回避就开始了。你不可能愿意写出垃圾,所以根本就不写。

然而,如果你认为你写的大部分东西都是垃圾,突然之间你就可以自由地开始打字了,因为这根本无关紧要。垃圾永远都是垃圾,所以没有必要对它珍视或小心翼翼。只需要一个开始打字的借口,突然间,你远远超过了你设定的750个字的目标。

## 第五章
### 日常习惯

当我们谈论习惯时，我们谈论的是帮助你达成意图的默认行为。在这里，750个字的目标让你的大脑进入写作的状态，这样你就不会只是坐在那里等待灵感的到来了。

你把它变成每天的练习，这样写作就变得更容易了。重要的是，你的习惯不是"每天写伟大的美国小说"，而只是"写750个字"，写什么都行。

如果你一直有写作的习惯，不管是什么，那么当你真的有了一个伟大的想法时，就把它写下来。你已经处于一个很好的势头中，而且你的思路未被打断过。你不费吹灰之力就能写出750个字的无稽之谈——但这样做，你就会养成一种自发的习惯，为写出一点都不是无稽之谈的东西奠定了肥沃的土壤。

你能给自己提供的保持自律和自我控制的最好的增强剂就是良好的习惯。遗憾的是，当我们不受任何形式的指导原则约束时，我们就会开始任性。习惯是有帮助的，因为它会让你保持稳定，剔除即兴决策。换句话说，不管发生什么，你都要做这件事。你知道你早上是怎么无论如何都要起床刷牙的吗？使用相同级别的自发性，你几乎可以执行任何操作。你在自己做正确事情时感觉承担的责任越少，你就会过得越好。本章关注培养有益的自律习惯的一些原则和策略。

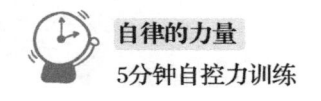

# 制作公式

当你单纯地把它看作"我需要振作起来"时，就会破坏自律。显然，这是不言而喻的，但如果你不立即振作起来，这并不是什么有帮助的事情。如果你继续不动，那会怎么样？你的武器库里最好多放些反对懒惰的武器。

类似于我们在前一章中讨论的懒惰循环，我们应该更好地理解缺乏自律的原因。这一次，我们不是用循环，而是用公式来理解不同的力量所起的作用。公式有时候可能更有帮助，因为它可以准确地告诉你涉及哪些元素以及需要更改哪些内容。食谱可以告诉你蛋糕里应该放多少鸡蛋和多少面粉；这里的公式可以用同样的方式帮助你自律。有时候你可能会发现，完全没放鸡蛋，或者试图在电饭锅里烤蛋糕，都会导致失败。你可能不需要太多改变，只需将你的努力重新引导到重要的事情上。

公式制作的过程与科学家或数学家用一系列固定的程序和方法来检验他们的理论和解决问题的过程大致相同。就像科学家一样，你可以操纵每个变量的数值来达到你想要的效果。

科学公式和我所说的公式之间的唯一区别是，没有使用

## 第五章 日常习惯

数字或数学标准来构建公式的元素——相反,你用你的价值观、品质和外部因素来代替数字和函数。原则就是用你的经历中更抽象的、技术上无法估量的部分来取代$E=mc^2$中的个体变量——比如动机、信念以及两者之间的关系。然后你合并这个公式,以它为基础做出决定并行动,在你使用它的过程中对它进行调整或微调,让它尽可能地适合你。

下面是一个有用且相当直白的公式,可以被用来解释我关于自律的理念:

$$SD =(PeM+PoB)-(Dc+Ds)$$

更详细地说,它就是:

自律=(个人动机+积极效益)-(不适+分心)

这个公式代表了我对自律(Self-Discipline,SD)的定义。自律的衡量标准是积极的力量和消极的力量之间的差。只要右边的总和是正数,你就会自律。如果不是,那么是时候关注每一个变量并找出它不是正数的原因了。要加上的是(PeM+PoB),要减去的是(Dc+Ds)。

**个人动机**(Personal Motivation,PeM)。这是指你为什么关心某件事、为什么它对你很重要、它有什么作用。某件事会让你有多大的满足感?对你来说,吃得更健康代表了什么?

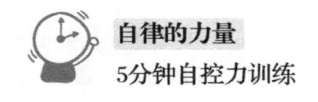

这是一个内部量。

**积极效益**（Positive Benefits，PoB）。某个行动或操作会带来什么好处？就像你能描述的那样明显，它会带来什么效益？在理想的情况下，这其中既有短期因素，也有长期因素。你认为吃得更健康会带来哪些身体上的变化？这是一个更外部的量，尽管它也可以是内部的。

**不适**（Discomfort，Dc）。是疲劳、疼痛、恐惧、麻烦或找借口导致你拒绝行动？演戏会给你带来什么损失吗？你必然会经历哪些消极的影响？你要忍受多少饥饿带来的身体不适和束缚带来的精神不适？你能在多大程度上处理好这些问题？在所有这一切结束时，你的心理和身体状态会如何——现实情况，而不是只预测厄运？

**分心**（Distractions，Ds）。哪些无意识或意想不到的分心或障碍可能会使你的注意力偏离你需要做的工作？为了追求饮食健康，你需要忍受多少个生日或聚会？哪些具体的因素可能会影响你的想法和行动？

自律最终会成为个人动机和积极效益产生的价值，减去可能阻碍一个人行动的不适和分心。将这一公式付诸行动，目标是操纵积极的力量，使它们超越消极的力量，从而产生积极的或更好的自律。沿着这条路，你可能会意识到，你忽略了一个或两个因素，严重偏离了你的喜好。

SD =（PeM+PoB）-（Dc+Ds）。让我们把这个公式付诸行动，为人们可能想要养成的自律习惯提供灵感：以戒烟为例。

（1）个人动机（PeM）。这些是让人们认为戒烟是个好主意的内部原因——他们为什么要做出这样的决定？他们可能已经注意到自己呼吸急促或咳嗽得很厉害。也许他们的父母中有一人死于肺癌，这是终生吸烟的结果。他们可能想让身体更灵活，并想让自己尽可能地轻松。或者，也许他们只是觉得成为吸烟者就像是个另类——在这种情况下，来自同伴的压力是一个积极的动机。这一数值为：8/10。

（2）积极效益（PoB）。在"个人动机"中实现所有这些目标将有很大的效益。长期吸烟者的肺部可能只需要短短一年的时间就能恢复正常。他们还能省下一大笔钱，不用穿一堆有难闻烟味的衣服，在不吸烟的朋友面前不会那么难为情，不会有那么多负罪感，戒除烟瘾后还会有一种自豪感。这一数值为：5/10。

你可能会认为，戒烟有相当令人信服的理由。然而，公式中减号后面的部分又是怎样的呢？

（3）不适（Dc）。戒烟的人可能会感到身体上戒断的痛苦，并在一段时间内受到渴望吸烟的影响。这可能是一种保守

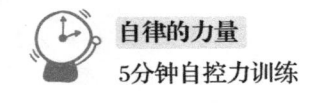

的说法——他们会感到强烈的渴望，甚至可能会感到疼痛。他们很可能会过于注重吸烟而不是健康，如果没有烟草，他们可能会感到不完整。他们可能还会觉得，他们失去了释放压力的途径。别小看这些。这一数值为：9/10。

（4）分心（Ds）。潜在的干扰会让人暂时忘掉戒烟的任务，让他们足以改变或允许自己动摇。这可能是一个有很多吸烟者的社交场合，也可能是一个压力很大的场合，促使他们用烟草来抚慰自己——任何能让他们不再拒绝吸烟的东西。这一数值为：4/10。

那么，这个特殊公式的目标就是最大化积极的力量，并最小化消极的力量。尽量在每个因素上设置一个数值，并使其平衡，这样积极的力量就会压倒消极的力量。尽管感觉和情绪并不总是可以被量化的，但一个人使用的数据越难，就越容易对每个因素进行"排名"。

例如，在我们戒烟的例子中，吸烟者可以计算他们将节省多少钱——也许他们已经计算出，他们每个月仅在烟草上就要花费250美元至300美元。或者，他们可以计算健康的效益：他们可能在体育锻炼上花费更多的时间，或者他们的血压、呼吸频率或每天的步数可能会有所改善。他们应该无所畏惧，坦诚面对消极的力量：他们可能会增加多少体重？如果以1到10表示受到影响的程度，它会是多少？

如果他们能为体验的各个方面赋一个数值，那么他们就有办法跟踪其进展并管理期望。同样，目标就是让积极的力量比消极的力量更"有价值"或更高。如果不是这样，那么他们需要通过寻找更多的动机或效益，或者以某种方式减少负值，来操纵公式。

SD=（PeM+PoB）-（Dc+Ds），这一公式可以涵盖你想进行更改的大多数情况。然而，一个更适合你的具体情况的公式会更有效。你可能有不同的因素，它们比个人动机、积极效益、不适或分心与你更相关——或者你可能想更具体地说明某些因素。这里有一些例子。

（1）时间。对我们中的许多人来说，日程安排是一个巨大的优先事项。你可能要考虑你需要投入工作的预期时间。你能为你的目标真正分配多少时间？

（2）费用。对于一些努力，你可能不得不花费一些钱。在吸烟的例子中，你可能需要在一段时间内为尼古丁口香糖花费一些钱。然而，你也可以省下一些钱，因为你不买香烟了。你还可以把机会成本作为时间费用包括在内。

（3）情绪改善。虽然很多时候，感觉很难被量化，但如果你能很好地了解自己的情绪状态，你或许可以给好的和坏的

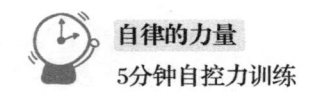

感觉赋予数值。戒烟带来的焦虑是否比你可能感觉到的能量增加或解脱更有价值？也许你只想专注于一个具体的好处，其他的都不重要了。

你使用自己的公式可以有无穷多个标准。对于对你影响最大的那些因素，你有很大的创造空间。弄清楚它们与你自己的个性和信念有多密切的关系，并给它们赋予数值，看看你需要消除、增加或以其他方式操作什么。

考虑到你所有的选择，你可能会想出一个包含几十个变量的复杂公式。这可能对分析有好处，但在实践中并非如此。你的公式中可以变动的部分越少，它就越容易管理——毕竟，懒惰的循环和这个公式都表明，这并没有那么复杂。

## 如果-那么语句

一个有用的习惯是使用如果-那么语句，它可以直接被用来处理通往自律或不自律之路上的"岔路口"。这有时也被称为意图实现——换句话说，就是使你的意图易于变成现实。"如果"对应的是每天发生的事件，"那么"就对应你想要的自律行为。

一个简单的事实就是，在知道想要什么和实际做成之间有着巨大的鸿沟。无论出现了什么情况——分心、低效率或者拖延症——事先做好决定将会让实现目标变得更容易。

如果-那么语句可以是以下这种形式：如果 X 发生了，那么我将会做 Y。就是这样。这是你需要利用它的两种用法提前决定的事情。这会使自律变得更简单，因为你所需要做的就是把你想要的行动当作一定会发生的事情的自然结果。当行动被串联起来并且你经过深思熟虑后，它们就会发生。当行动在短暂的时间中被留给个人意志力去决定时，它们往往不会发生。

有一个简短的例子，如果现在是星期日的下午3点，你要给你的妈妈打电话（对于我们中的一些人来说，这也许需要巨大的自律）。或者如果现在是下午3点，你要喝2升水；又或者现在是晚上9点，你需要用牙线清洁牙齿。这些是你使用如果-那么语句的第一种用法去完成特定目标的例子。X 可以是任何东西，时间或者你选择的每天发生的事件，Y 是你的具体行动。

如果-那么语句只是将你的目标从乙醚（麻醉剂——译者注）中提取出来，并将它们与你一天中的具体时刻联系在一起，而不是每天下午3点都重新争论这个问题，你只需要查看你的生活"规律"，然后打电话给你的妈妈。有因必有果。例如，保持吃得健康、多喝水的习惯有一定的诀窍，或者发

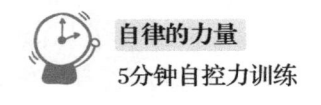

誓拥有更健康的牙齿需要每天去坚持，因为这是个日积月累的事。

不要泛泛而谈，而是去为行动设定时间和地点。在某种程度上，这需要你付出很多，它为你做了决定。现在是下午3点吗？那就只能喝水了。想象一下，你正看着一个空的计划表，试图决定什么时候预约医生。现在变成你正在努力决定预约什么时候，但你整个星期只有一个时间段有空。有时，所谓的自由会让你的任务变得更加困难。

这看起来很简单，的确如此，但事实证明，如果你使用如果–那么语句，你的成功率将是不使用如果–那么语句时的2~3倍。在一项研究中，91%使用如果–那么语句的人坚持锻炼计划，而不使用的人中只有39%的人坚持锻炼计划。纽约大学心理学家彼得·戈尔维策（Peter Gollwitzer）最先阐明了如果–那么语句的力量，他最近回顾了94项使用这项技术的研究结果，发现对于几乎你能想到的每一个目标，从更频繁地使用公共交通到极力避免刻板印象或偏见，使用如果–那么语句之后的成功率都要高得多。

如果–那么语句如此有效的主要原因是它说的是你大脑的语言，也就是处理突发事件的语言。人类擅长用"如果$X$，那么$Y$"的语句来编码信息，并使用这个过程（通常是无意识

## 第五章
### 日常习惯

的）来指导我们的行为。它是决策的基础，通常是潜意识的和瞬间的。决定你将在何时、何地对你的目标采取行动，这在你的大脑中建立了一个联系，情况或提示（如果）与随后的行为（那么）之间的联系。

假设你忘记发短信告诉你的另一半会加班并不做晚饭了，你的另一半会责怪你。因此，你制订了一个运用如果-那么语句的计划：如果现在是下午6点。我在上班，然后我会给我的另一半发短信。现在的情况是"下午6点，工作中"直接在你大脑中连妾了动作"发短信给我的甜心"。

接着，"下午6点，工作中"的场景或提示变得高度活跃。你意识到，你的大脑开始扫描环境，寻找你计划中"如果"部分的情况。一旦计划中的"如果"部分发生了，"那么"部分就会自动出现。你不必有意识地监控你的目标，这意味着你的计划即使在你全神贯注的时候也会实现。

最好的是，你可以在没有下意识努力的前提下发现情况和指导行为。运用如果-那么语句比单纯下决心需要的少得多、要求的意志力也少得多。它使我们能够在真正需要的时候保持自律，在我们没有足够的自律时进行补偿。

如果-那么语句的第二种用法与实现特定目标有关，特别是如何避免在该目标上失败。你仍然会使用"如果 $X$，那么

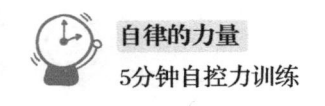

Y",但是 X 将是一个你想保持控制和处理的意外情况。在第一种用法中,X 简单地表示任何日常情况或事件。在这里,X 是一些可能不会发生但你想要为之做好准备的事情。

例如,假设你想养成喝水的习惯,你外出就餐时只能喝到加柠檬的水。这是一种不一定会发生的事情,但它可以帮助你从另一端坚持你的习惯。

在你处于可怕的境地之前完成这些语句,你就可以看到它们是如何为你工作的。这就像为自己制定了一条要遵守的准则。如果你事先考虑过了,你可以默认这是个准则,而不是在一时冲动之下做出冒险的决定。预见将要发生的事情,你就领先了一步。

再举一个例子,假设今天是你的生日,但你在严格节食,而你的办公室有惊喜派对,所以你可能会得到一个蛋糕。"如果他们带蛋糕来,我就不要了,马上喝一大杯水。"或者,你可能有拖延症,而你正在努力完成一个你必须完成的大项目。你可以说:"如果电话响了,我会忽略它,直到我做完为止。"

你可以更详细地了解这些语句,并为比上述示例更重要或更危险的情况做好准备。无论是哪种情况,如果-那么语句迫使你进入可能引发意志力缺失的常见场景中,并让你为这些触发因素做好计划。它带走了你做错事（或什么都不做）的虚假理由和借口，并强化了你实现目标的承诺。

## 了解你的自律风格

在你参与所有这些计划以实现你的目标之前，有一点很重要，那就是你的自律风格。当然，一旦你知道了（自己的自律风格），那就是你养成习惯的时候了。

人们有两种主要的自律方式：节制和禁欲。每种方法都有它的优点和缺点，没有一种方法对所有人都有效。

让我们从这些词的定义开始。根据《牛津词典》，节制是指避免过度或极端。你只能吃一勺冰激凌。你知道什么时候喝得太醉了不能继续喝酒。你可以限制自己每天只看一小时电视。

《韦氏词典》将禁欲定义为：不做想要的事或不拥有渴望得到的东西的习惯。禁止吃冰激凌。禁止玩游戏。禁止看电视。禁止喝酒。禁止玩乐。

让我们从节制开始。如果你能处理好的话，节制是一种鱼与熊掌兼得的策略。节制地吃甜点是一种既能享受甜食又不会吃得太多的方式。你不会想每天吃很多甜点，因为这可能

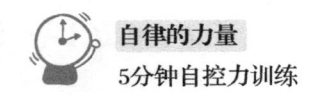

会对健康、体重和血糖产生影响。然而，偶尔吃点儿甜点是可以接受的。这就是行动上的节制。你一定听说过"一切都要适度。"这句格言，它通常支持参与而不放纵的自由。

那么，节制在自律领域的应用有哪些？如果你正在努力完成一项任务，你可以中途休息一下。你可以参与让你分心的事，散一会儿步，甚至稍微拖延一下。在节制的情况下，你会得到精神上的休息，你会振作起来，然后你会重新开始，重获力量。有一个时间表，只要你基本上遵守了它，那么一切都会好起来的。当然，有人可能会说，你需要一定程度的天生自律才能使用这种策略。如果是这样，你可以把自己从别人可能推荐的禁欲的痛苦中解脱出来——禁欲可能会让你发疯，对你不起作用。

节制可以给你自由——选择的自由以及适应环境及欲望的灵活性。这是两极之间令人愉快的折中方案。当你能够找到介于两者之间的"甜蜜点"时，你就不必全力以赴或什么都不做了。当然，这也伴随着一个相当大的警告。如果你认同对这种节制的自律的描述，那是因为你觉得你可以很好地控制自己，放纵不会完全让你失去自制力。想象一下，一个长期酗酒的人或任何类型的瘾君子——用节制的方法对他们来说效果可能并不理想。

## 第五章
日常习惯

这就是禁欲的用武之地。对于那些自律意识较弱、无法及时重新获得注意力、无法展示自律能力或只是寻求更简单方法的人来说，禁欲是可行的方法。你也许可以停止这个动作本身，但之后它可能会占用你的大脑很长一段时间。因此，为自己制定一个全面的规则要容易得多，而不是一次又一次地控制自己，与自己的欲望和冲动谈判。当你不得不不断地告诉自己"不"时，比起你已经知道答案是"不"的时候，判断失误的可能性要大得多。有时候，完全没有比在你完全满意之前不得不停下来的痛苦要少。瘾君子需要远离，因为他们在那种环境或背景下缺乏控制自己的能力，所以与自己的诱惑保持一定的距离就更容易为成功做好准备。

另一个例子是所谓的屏幕时间。如今的社会似乎让我们全天都坐在屏幕前。我们有智能手机、平板电脑、电视、笔记本电脑和电子阅读器，它们中的一个肯定在离我们不超过一臂之遥的地方。

虽然很多人都可以减少看屏幕的时间，但并不是每个人都有这种能力。如果你是一名游戏玩家，你可能需要完全放弃游戏才能离开屏幕——否则，经常会听到玩家说："再来一局！"或者"再来5分钟！"同样，一些人也会离开或永远放弃社交媒体，因为他们知道不可能只在上面浏览30秒，然后把

## 自律的力量
5分钟自控力训练

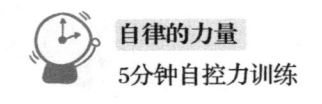

它完全从脑海中抹去。

对一些人来说，禁欲是最简单、最可靠的方法。你没有试图停止挣扎，而只是没有开始。禁欲也可以给你带来自由——从艰难的选择中解脱出来，从惩罚自己试图改变或者控制自己但可能失败的过程中解脱出来。

提高自律的答案是什么——节制还是禁欲？你应该试着挑一个而不是另一个吗？哪一个更"好"？它总是一个非此即彼的命题吗？"如果你能掌握好，那就节制。如果不能，那就禁欲。"是不是就如此简单？

这些问题没有简单的答案。在某种程度上，你需要了解你自己。你有偏激的倾向吗？在接近一项任务或目标时，你是全力以赴的吗？或者，你能在给定的里程碑或时间点处抽离吗？你将精力转向一项任务上容易吗？与其即兴回答这些问题，不如通过思考你过去行为的例子来回答它们——在这里，只有行动才重要，而不是意图。

也许我们可以把这看作一个过程。第一步是禁欲。当我们锻炼意志力时，可以完全避开触发分心的开关。当我们成熟并发展自律时，我们就可以考虑节制了。这也就是所谓的"冷火鸡"（意为突然停止坏习惯。——译者注）。你可能会发现，在学习期过后，你完全可以控制自己，不需要进一步强化。

第五章
日常习惯

另外，相反的过程（从节制到禁欲）也是有效的，这是一个让自己戒掉某些习惯的过程。在这里，最终的目标将是完全禁欲。不管是哪种情况，你要明白你很可能天生倾向于其中的一种，所以不要试图成为另一种你不是的人。

## 利用同伴压力

十几岁的时候，你可能被警告过存在同伴压力陷阱。然而，你可能仍然不止一次地说出"但其他人都在这么做"这句话，因为当时几乎无法抗拒。事实是，我们自己做决定的次数比我们想象的要少得多。我们是社会和自然环境的受害者。

同伴压力是一个人的社交圈对他或她的直接影响。在青少年时，它几乎总是在负面意义上被谈论。即使在成年后，我们可能仍然会经历一些比青少年时期经历的更负面的同伴压力。这通常是在"攀比"。

然而，同伴压力有积极的一面吗？就像大多数事情一样，这完全取决于你能不能控制它，还是被它控制。这取决于你是否诚实地意识到这一点。在自律方面的同伴压力可以让你部分地把你的负担放在别人身上——这很令人惊讶，因为这意味着自律不再是你个人所关注的东西了。

## 自律的力量
5分钟自控力训练

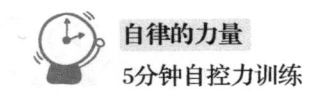

我们之前已经讨论过，环境会对你的自律产生影响，其中就包括你周围的人。在基本层面上，这意味着你必须积极主动地意识到你周围的人是谁。你不必从零开始，但至少要认识到，肯定会有人把你往上推，也会有人把你往下拖。与最自律、最有动力的人在一起是你可以控制的，这将不可避免地影响你。你可能无法选择你的家人或同事，但你可以选择与你共度休闲时光的人。

除了你在社交氛围中获得的普遍支持，还有多种方式可以利用积极的同伴压力。我们可以利用导师或榜样。我们可以创建责任小组或选择同伴。

负责的同伴是帮助你朝着目标前进的人。你在他们那里签到或向他们报告，并向他们更新你的进度或失误。

如果你有一个对你负责的人，你更有可能朝着你的目标努力，并保持在正确的轨道上。这可以是一种相互的关系（朝着相似的目标努力），也可以简单地让他充当你每天或每周的闹钟。

在寻找一个负责的同伴时，你需要的是一个不会相信你的借口的人。应该指示他对你采取非黑即白的态度——你要么做了什么，要么没做；要么放弃了什么，要么没有。你给灵活性留的空间越大，可能就越不会使用负责的同伴。他应该是一个你信任的人，一个不怕"实话实说"的人。你想要一个不会评判你的人，但你也想要一个不会粉饰困难的人。

他就是你每天开始健身房锻炼前都会给他打电话签到的那个人。你不再是让自己失望；而是让别人失望，所以赌注变大了。

你还需要一个目标明确、能够对你产生良好影响的人。他的成功可以帮助和激励你取得自己的胜利。也许你甚至开始与他竞争。你的负责的同伴既应该帮助你克服障碍，也应该和你一起庆祝你的成功。

频繁的联系更可取，因为你给失误的循环留出的空间较少，然后试图弥补它。频繁的联系有助于提高一致性。阐明一段固定的关系所持续的时间也是个好主意。设定最后期限会产生一种小小的紧迫感，或者至少会让人感到进展的重要性；没有最后期限只会让事情变得过于轻松和缓慢，任何真正的进展都不会发生。

我们似乎很难发现这位重要人物，但潜在的负责的同伴就在你身边。记住，他只需要愿意对你坦诚相待就可以。想想可能符合你需要的朋友和其他熟人。问问你的伴侣、家人或朋友，他们是否对你有什么建议。一些工作场所或专业项目有导师计划，你可以在那里与同事结对。实际上，你不需要亲自了解他们。

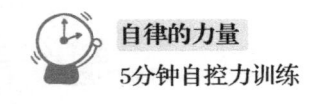

如果这看起来太古怪或太有侵犯性，另一种方法是找一个你尊敬的、在你所从事的领域取得成功的人作为榜样。他是一个你想要模仿的人；你不必与他互动。你可以在遇到生活中的特定情况时问："在这种情况下，他会怎么做？"再说一次，你不一定要真正了解这个人；最重要的是他拥有你钦佩的特质。

当你开始自律时，你可以想象有这么一个人。让自己脱离眼前的情况，想想你的榜样会怎么做。与其为同自己谈判而苦苦挣扎，不如接受挣扎，并用你的榜样的信念去与之抗争。不可否认，你自己的内心对话有点儿懒散并过于灵活，那么自律能力极强的人呢？他会怎么做？这与你自己的选择有什么不同？你马上就会知道现在该做什么了。你有一个新的行动方案，它来自你喜欢和信任的榜样。

最重要的是，要有一个榜样提醒你，你不能通过无所作为得到你想要的东西。

你如果找不到一个负责的同伴，脑海中又无法涌现出一个榜样，那该怎么办？好吧，你仍然可以通过简单地向某人提及你的目标或任务，利用这种成年人的同伴压力对你有好处。他可能是你的家人或朋友圈中的某个人，或者你可以在社交媒体上发布你的计划。把它变成公开的、坚定的、引以为豪的。

你会兑现你的誓言吗？人们会怎么想？在对人们撒了谎之

## 第五章
### 日常习惯

后,你怎么面对他们?通过将你的意图公之于众,你创造了一种责任感。

当然,在这里,你是被羞愧和尴尬的消极情绪激励着去自律的——但请记住,这一切都在于你控制情绪还是让情绪控制你。虽然可能会有人责备你没有朝着你的目标努力,但这更多的是一种内部动机。被消极的东西推动并没有错;现实是,消极的东西比任何积极的东西都是更强大的动力。与吃世界上最精致的一顿饭相比,你会更加努力地工作以避免被鞭子抽打。

如果你想减肥并与他人分享,想象一下与家人和朋友一起闲逛会是什么感觉。他们会说些什么吗?他们是不是在想你说的话,并因为你吃了一袋家庭装薯条而对你评头论足?或者更糟糕的是,他们没有认真对待你的公开声明,因为你太不可靠了?

尽管这可能是消极的,但这确实有能力引发行动。

通过让其他人参与进来,无论是负责的同伴、朋友、家人、教练、榜样或导师,还是社交媒体的世界,你都会被要求遵守可能无法遵守的标准。你是否想明确地被贴上自律的标签,这取决于你自己,但如果你的目标是把事情做好,你应该使用你可以使用的所有工具。

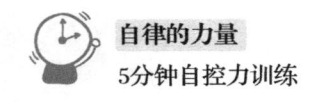

## 控制你的冲动

提高自律的重要一步是学会控制自己的冲动。自律和冲动是对立的两极；一个像节拍器一样稳定可靠，而另一个像火山一样变幻莫测。

冲动是突然想做（或不做）某事的需要，一种无法控制的急迫感。冲动通常会让人在没有事先考虑或计划的情况下采取行动，可能会突然冒出来，让你的一整天脱轨。这就是自律消亡的地方，因为你任由一时兴起的冲动摆布。你不能同时从事这两项工作。控制冲动是保持始终如一的自律的关键。

例如，想象你在一场盛大的演出中弹钢琴，但你突然有一种冲动，想在脸上挠痒痒。瘙痒不是很紧急，也不是很重要，但如果你不解决它，它就会让你感到不适，它在你的脑海里挥之不去。现在，你会中断你的表演来挠痒痒，还是会忽视这暂时让你分心的事？你可能会意识到，在这种情况下，你的冲动应该退居次要地位，以保持自律。

只有在极少数的情况下，就像上面的例子一样，很明显我们应该压制这些随机的冲动，但就像钢琴演奏一样，我们没有意识到沉浸在冲动中会让我们失去多少。这些事情加在一起，你重新集中精力并重新开始自律同样需要时间。

## 第五章
### 日常习惯

我们怎样才能打败这种"敌人"？我们必须先了解它。

多年来，冲动一直是心理学研究的主题。最近，欧洲分子生物学实验室的研究人员发现，大脑的两个部分与冲动控制有很强的联系：前额叶皮质，大脑中负责复杂认知、个性、决策和社会行为的部分；脑干，大脑中调节心率和呼吸等基本自主神经功能的部分。

这意味着我们拥有大量的联系，使我们能够自我调节和控制——我们前额叶皮质中的一个有意识的想法会传到我们的脑干，以获得平静和放松。当我们把两者紧密地联系在一起时，我们就能更好地自律了。

然而，在这项研究中，科学家们发现，老鼠的一种被称为社交失败（一种消极情绪状态）的情况削弱了前额叶皮质和脑干中参与防御反应的部分之间的联系。随着联系的减弱，它们变得更冲动、更狂野，也更难冷静下来。当研究人员使用一种药物完全阻断前额叶皮质和脑干之间的联系时，老鼠表现出更冲动的行为。

这如何应用到人类身上呢？这项研究揭示了当你试图控制冲动时大脑中正在发生的事情。如果我们处于有情绪的状态，前额叶皮质和脑干之间的联系就会减弱。我们会变得更冲动、更不自觉。

**自律的力量**
5分钟自控力训练

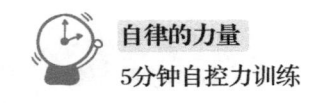

我们不能很好地服用药物来加强我们神经之间的联系，以更好地保持自律，但我们可以尝试确保我们的前额叶皮质尽可能多地参与其中。这大致相当于根据分析和理性而不是情感做出决定。面对急迫、焦虑和恐惧，自律是不会取胜的，所以你必须让它们过去，然后继续坚持下去。当我们让脑干参与思考时，这并不总是我们可以控制的，我们的自律就会被抛诸脑后。

我们可以使用一些技术来支持我们更好地控制冲动的愿望。一般说来，这涉及感受到冲动和你对它的反应之间的某种延迟。换句话说，感觉痒和抓痒之间越远越好。在通常情况下，你会发现冲动会自行消失，这进一步证明了它只是伪装成了重要的东西而已（实际上并不重要）。

"10"的力量。如果你能推迟因冲动而行动，通常你就能战胜冲动。呼吸一下，慢慢数到10，给自己片刻时间，这是有道理的。当你想停下来的时候，告诉自己再坚持10秒；当你推迟开始的时候，告诉自己试一试只有10秒。这就是"10"的力量——仅仅克制自己的行为就需要自律，练习感受一种反应而不采取行动。

"10"的力量消除了你要立即行动的紧迫感。记住，这是因为你的脑干失去了对你行为的控制，而你的前额叶皮质介入了。

第五章
日常习惯

对于某些冲动来说，数到10是不够的。例如，如果你看到你想买但并不真正需要的东西，你可以等待10分钟，或是100分钟，而不是把它拿到收银台去结账。神经学家发现，这种转移注意力的策略在对抗冲动消费和购物方面极其有效；仅仅10分钟就能极大地降低大脑对奖励的渴求反应。你可以离开商店10分钟，而不是匆忙购买商品，这样你就不太可能坚持购买刚才的商品了。

在通常情况下，瘙痒会在几秒钟内消失。强烈的情绪高涨通常会在10秒内消散。在这段时间内，你可能会停止发怒。你最初的反应可能会让位于理性的思考。

毕竟，任何人都可以忍受10秒钟，对吧？记住这个咒语，绕过你的脑干控制行动的那个危险区域。

**给你的感觉贴上标签**。不了解自己情绪的人更容易冲动行事。如果你无法辨别自己何时感到愤怒、有压力或尴尬，你的行为方式可能只会让事情变得更糟。本质上，如果你没有意识到你的感受，你将无法阻止它。

例如，假设你与某人发生争执，你冲动地跺脚离开，并在离开时"砰"的一声关上了门。这些行为表现出了愤怒，但它们很可能发生得太快、太冲动，以至于你没有意识到——你只是做出了反应。顺便说一句，正是在这种情况下，人们

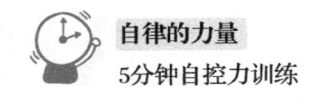

后来发现自己会说"对不起"之类的话,"我不知道我是怎么了……"

如果你花一点儿时间意识到你为什么要怒气冲冲地走出家门,以及你有多生气,你就有更好的机会缓和你的反应。与其怒气冲冲地离开,不如说:"我想我现在感觉很生气。我应该先处理怒火,等它平息后再回应。"这消除了局势中的尖锐冲动,增加了一旦局势缓和,情况就会变得更好的可能性。基本上,你和情绪之间有了一小段距离,所以你不会完全被它吞没,也不会完全认同它。给你的情绪贴上标签还会让你有一个确切的症状去处理——愤怒、怨恨、苦涩、沮丧——从中你可以找到一个处理它的路线图。它给你一种语言上的"把柄",这样你就可以谈论它并管理它了。如果没有标签,这些都是不可能的。

感到愤怒、尴尬、沮丧和羞愧是可以接受的。然而,不能接受的是:用这些最初的反应代替你的反应,冲动行事。当你停下来确认你的感受时,通常你会意识到事情并不像你想象的那么紧急。你打开一个小空间,让自己的自由意识可以停下来问:"我想在这里做什么?我现在意识到这种感觉迫使我做出反应,但我想要对此做出反应吗?"

**写下事实**。写下情况的事实可以帮助你澄清什么是真实的,什么是不真实的,以及你理想的结果是什么。这与"10"

## 第五章
日常习惯

的力量有关,因为在你冲动地通过脑干行动之前,你会停下来整理事实。当然,你的写作速度比你想象的要慢得多,所以这会减慢你的整个反应过程。这对前额叶皮质和自律来说是个好兆头。

因此,当你想放弃某件事,当你想推迟开始某件事,或者当你突然觉得有冲动去做一些没有效率或让人分心的事情时,写下事实。写下现在的情况、你想做什么,以及你可能应该做什么。写下你的理想结果,以及这与你屈服于冲动时要走的道路有何不同。

只突出事实,省略其余部分。不要写下你的感受,比如恐惧或焦虑。让它保持客观。当你对"只要事实"有了一个清晰的认识,你就能够客观地看待情况,并知道你应该做什么。这不仅可以让你以一种更温和的方式回应,还可以帮助你厘清实际发生的事情和你"认为"或"感觉"发生的事情。

例如,假设你在工作中和老板大吵了一架,你的冲动是要辞职去找一份新的工作。写下事实可以帮助你厘清情况,从事实中厘清情绪。也许事实是,你的老板责怪你造成了某种情况;你没有说出自己的情况;你在现在的工作岗位上工作了8年;你是家里的主要经济支柱;除了工资,你还有很好的福利;你没有和人力资源部门谈过,以帮助解决问题。你想打他的脸然后辞职——这不会让你达成理想的结果。你的理想的结

## 自律的力量
5分钟自控力训练

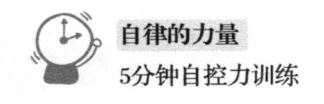

果包括被倾听、变得更加自信、保住你的工作。

突然之间，在花时间检查事实之后，你需要做什么来保持自律就变得很清楚了。冲动之所以存在，只是因为它迅速而短暂；在更严格的审查下，冲动几乎都会瓦解。

**问5次"为什么"。** 帮助控制冲动的最后一个策略是问为什么。这个策略是找出你冲动的根源，希望能发现关于你自己的新信息。

实际上，你连续问了5次相同或相似的问题，你会惊讶地发现，每一次，你都可能会得出一个与以前不同的答案。你在强迫自己证明为什么冲动应该战胜自律。在这个过程的最后，你要么能够充分回答为什么，要么得出结论：那只是一种不值得拥有的冲动。

冲动从来不是经过深思熟虑而拥有的，也不是建立在深入分析的基础上的，所以你不要指望能回答两次以上"为什么"。因此，只有当你能回答几次为什么，它才能通过重要性或紧迫性的取样测试。实际上，这是什么样子的？假设你有一种冲动，想打破消费自律，买一件新毛衣。

你为什么想要它？
我喜欢它。
你为什么想要它？

这个价格很划算。（这可能是一种冲动所能带给你的极限情况。）

你为什么想要它？

没有真正的理由，只是想要它……

你为什么想要它？

它看起来很酷？

你为什么想要它？

我想我不知道，真的。

一旦你问了自己五次"为什么"，你就提炼出了为什么应该或不应该买这件衬衫的主要利弊。真的，你没有拿出任何东西来证明你的冲动是合理的。如果这件衬衫真的是你需要的，你可以想出更好的答案，比如，"因为我的另一件衬衫破了"或者"我马上就要参加婚礼了"，又或者"我想在约会时看起来漂亮一些！"在这些情况下，你处理的不是伪装成需要的冲动——而是实际的需要。

这即使不会让你意识到你不能回答5次"为什么"（这是一个危险信号），至少会迫使你停下来思考你的决定。无论是哪种情况，你在日常生活中都会变得更有意识、更有可能自律。

看看这些策略中的每一个，共同的主题包括反思、自我意识和回应前的停顿。

**自律的力量**
5分钟自控力训练

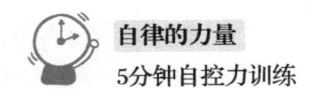

### 小结:

- 自律和习惯天生交织在一起。事实上,习惯是自律的自然目标;自律行为需要有意识的努力,直到它成为一种自然习惯。

- 养成思考自律公式的习惯,(这个公式)要么是本书中的,要么是你自己构造的。这是另一种可视化的方式,确切地说,就是让你看出在自律方面,是什么力量在起作用。我最喜欢的版本是:自律=(个人动机+积极效益)-(不适+分心)。在这里,如果等式的右边被证明是正的,那么你就有了自律的先决条件。因此,理解积极的力量(个人动机和积极效益)和消极的力量(不适和分心),以及它们是如何在你的生活中表现出来的就成了问题。你甚至可能会发现你忽略了几个因素,这只会让你走向失败。

- 在你不得不决定自律之前,先用如果-那么语句来做决定。当我们依靠自己的性格力量时,我们就会做出最糟糕的决定。因此,要围绕它们进行规划。如果 $X$,那么 $Y$ 可以成为你最好的新朋友,它适用于我们每天遇到的几乎所有事情。事实证明,当我们与其他事物联系在一起时,我们的表现会更好。

- 你应该使用哪种自律风格,节制还是禁欲?禁欲规定不允许有例外,它实际上给了你一种自由感,因为你不必与自己协商何时开始、何时停止、何时感到满足。节制是当你接受一定程度的偏差时，只要你能达到事先设定的目标和里程碑就可以。这里也有自由，因为你可以放纵自己，不会觉得自己错过了任何东西。

- 同伴压力可以是积极的。可悲的事实是，我们是物质和社会环境的产物。对于社会环境来说，我们周围的人有时可以成就我们，也可以毁了我们。因此，我们可以构建我们的社交圈，帮助我们变得更加自律。你可以利用负责的同伴、榜样、导师和教师。你也可以进入黑暗面，利用公众羞耻和尴尬的负面情绪来让你承担责任。毕竟，与吃我们最喜欢的食物相比，我们会更努力地工作来避免脸上挨拳头。

- 冲动是自律的对立面。它是不可预测的推动力，随时都有可能占据上风。研究表明，在情绪反应过程中，冲动会更强烈。因此，与冲动做斗争就是把尽可能多的时间放在情绪反应和你给出的实际反应之间，换句话说，就是拖延战术。你可以利用"10"的力量，给你的感觉贴上标签，写下事实而不考虑你的个人观点，然后问5次"为什么"来理解冲动的根源。

# 摘要指南

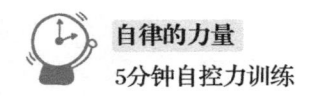

## 第一章　精神大于物质

- 自律是把精神置于物质之上，准确地规定行动和行为的做法。然而，对大脑的控制就像在说你想去太阳表面漫步。这并不容易，你必须不断地加以控制，才能让自己有机会自律。事实证明，要做到自律和控制自己，有很多障碍。

- 阻碍自律有五种精神障碍：屈服于五种感官、敌意和恶意、冷漠和懒惰、焦虑和悔恨、犹豫和怀疑。它们的共同点是，它们都需要立即和紧急的关注，即使这并非真正的紧急情况。当你越关注于当下时，自律和未来就会变得越不重要。

- 无法超越当下和规划未来的另一个原因是，神经递质多巴胺在影响我们的行动。人类恪守愉悦原则。只要有可能，我们就追求快乐，避免痛苦，即使在潜意识中也是如此。自律很少给你带来快乐，大多数时候它会带来一定程度的痛苦，或者至少是不适。这是个问题。我们必须改变我们看待快乐和痛苦的方式，以及我们最想让谁受益：在大多数情况下，受益人是未来的自己。

- 时间导向是自律的另一个问题。我们中的一些人是现在导向的——这对你没有好处，因为你不能以未来你能获得最大利益的方式行事。我们中的其他人是未来导向的——我们思考未来我们想要什么，然后倒推去创造它。这种观点与自律更加契合。在蚂蚁和蚱蜢的寓言中，勤奋的蚂蚁着眼于未来，能挺过冬天，而享乐主义的蚱蜢则着眼于当下，忍饥挨饿。

- 归根结底，尽管存在这些障碍，但你是否有自律能力取决于你自己。这是字面意义上的——安慰剂效应表明，你相信自己拥有多少，那就是你将拥有的。这是一种授权和自由，因为它意味着你和你想要的之间没有任何东西——除了你自己。一切由你决定。自律实际上是最终的自由，而不是限制。你应当把它当作一个需要克服的挑战。

## 第二章　理解循环，打破循环

- 你可能会忍不住认为你的自律是必须克服的孤立事件。这是错误的。自律不是在真空中存在的，它高度依赖构成自律循环的5个因素，或者，更准确地说，懒惰的循环。
- 这些阶段都是无益的假设（"生命短暂，所以我应该享

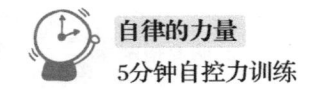

受生命，不要把宝贵的时间浪费在洗那辆满是灰尘的汽车上！"）；故意回避责任会增加不适（"我宁愿不洗车。这很无聊，也让人很不适。"）；借口会减少不适感（"我不洗车是完全合理的。外面太热了，我都快融化了。"）；减少心理不适的回避活动（"我来打扫浴室。我还是很有效率的！"）；回避责任的消极的后果和积极的结果（"啊，我现在感觉好多了。哦，等等。我还得洗那辆车……"）——在这一点上，你发现自己又回到了起点，只是意志力和动力比以前更弱了，因为消极的后果会导致悲观，而积极的结果会造成自我破坏。

- 除了对周期的了解，以及你倾向于成为牺牲品，还有一些具体的方法来应对循环的5个阶段中的4个。对于无益的假设，相反，它体现了40%规则的强大信念。对于不适，改变你的预期，积极练习适应不适，以建立你的精神韧性。对于借口，学会如何重新构思你的借口，避免陷入常见的陷阱和自欺欺人。对于回避活动，这只是一件看不见、想不到的事，如果找不到让你分心的事情，你就无法回避。

- 打破缺乏自律的循环的其他一般考虑因素包括制定目标以减少不适和改善时间管理、培养技能以停止如此频繁地找借口。快去打破循环吧！

## 第三章 是还是否？

- 是还是否？简单回答，不要胡说八道。这一章讲的都是自我反省，挖掘你回避自律的借口和理由。接下来是典型的自我意识，即你对回避工作的看法有多随意。有六个问题需要回答，大多是回答是/否的问题，迫使你要么承认残酷的事实，要么采取行动。
- 这种做法会在理想的自我和不想成为的自我之间产生鸿沟吗？或者，这个行动会让我离我的目标更近还是更远？
- 这一行动真的代表了我的意图吗？如果答案是否定的，你的行动实际上是为了什么？
- 我只是不适吗？我只是让不适阻碍了我的目标吗？我就这么傻吗？
- 如果我别无选择，只能自律，我该怎么办？当然这不是最坏的情况。
- "我不想"是不做某事的好借口吗？你可能有能力使用这个借口，但那些永远不能休息、每次都必须采取行动的人怎么办？在感恩的同时又缺乏自律是很难的。

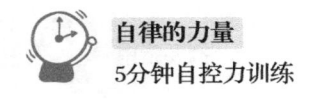

- 我做的是正确的事还是容易的事？通向目标的通常只有一条路，而且通常不是一条容易的路。
- 要达成我的目标，有没有无法克服的真正的障碍？这让你注意到，在大多数情况下，所谓的障碍不是问题，而是我们的态度。如果我们想做，任何障碍都不会阻止我们；如果我们不想做，即使我们没有障碍我们也不会做。
- 如果我继续沿着这条路走下去，这一行动的结果会是什么？把你的注意力从即刻的满足转移到未来，看看随着时间的推移，从10分钟到10年后的决定会有什么结果。当你选择某件事时，你也在选择那件事的结果，即使这些结果在一段时间内不会显现。

## 第四章　自律背后的神经心理学

- 面对自己大脑的局限，你要诚实地评估自己所处的位置和运作方式。养成习惯，定期从以下几项对自己进行评估，每项为1分到10分：强烈的使命感，寻找积极的导师，敏锐的视觉，坚定的自信，计划和组织能力，对教育、学习技能的高度重视、持久的耐心、视工作为娱乐。

- 自我反省可以让你准确地看到你需要在哪些领域下功夫，并看看你的努力是否取得了进展。
- 根据你认为自己哪些方面是落后的，你可以做很多改进。
- 要想获得更强的使命感，你需要培养自知之明，深入挖掘自己真正的价值观。要找到积极的导师，可以联系其他人和建立关系网，或者干脆向有成就的人寻求帮助和建议。
- 为了获得敏锐的视觉，设立一个愿景板或练习可视化，想象一幅生动的、五官可感知的最终的目标图像。为了增强自信，积极地看待失败和拒绝——向自己证明你作为一个人的价值不是来自这些事情。冥想、正念和自我照顾对培养自我同情能力也大有裨益。
- 要有更好的计划和组织能力，应先清理你的大脑和工作空间，减少让你分心的东西。养成习惯，让你可以全神贯注、被委以重任和集中注意力。
- 要培养对教育、学习和技能的高度重视，就得坚持阅读。保持好奇心，问问题，在你能学到东西的地方学习。为了提高耐心的持久度，把重点放在你能做出的最小的、可持续的改变上，并每天坚持下去。要视工作为娱乐，那就改变你的语言。不要说："我必须做$X$、$Y$、

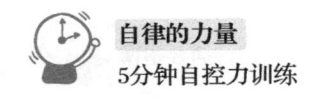

Z"，而要说："我选择做 X、Y、Z。"记住，没有人强迫你做最好的自己。

- 关注几条持久激励的主要原则。这些包括：不存在一个理想的开始时间；小步走，而不是量子飞跃；灵活运用你的内部动机，而不是你的外部动机；不要让自己陷入诱惑；排除干扰；用正念监控冲动；与让你不适的人交朋友；使用可视的力量；让未来的自己引导现在的自己。
- 最后，最重要的可能是，要认识到自己会犯错，但要随时准备原谅错误，从错误中吸取教训，并在下一次变得更好。

# 第五章　日常习惯

- 自律和习惯天生交织在一起。事实上，习惯是自律的自然目标；自律行为需要有意识的努力，直到它成为一种自然习惯。
- 养成思考自律公式的习惯，（这个公式）要么是本书中的，要么是你自己构造的。这是另一种可视化的方式，确切地说，就是让你看出在自律方面，是什么力量在起作用。我最喜欢的版本是：自律=（个人动机+积极效益）-（不适+分心）。在这里，如果等式的右边被证明是正的，那么你就有了自律的先决条件。因此，理解积极的力量（个人动机和积极效益）和消极的力量（不适和分心），以及它们是如何在你的生活中表现出来的就成了问题。你甚至可能会发现你忽略了几个因素，这只会让你走向失败。

- 在你不得不决定自律之前，先用如果-那么语句来做决定。当我们依靠自己的性格力量时，我们就会做出最糟糕的决定。因此，要围绕它们进行规划。如果 X，那么 Y 可以成为你最好的新朋友，它适用于我们每天遇到的几乎所有事情。事实证明，当我们与其他事物联系在一起时，我们的表现会更好。

- 你应该使用哪种自律风格，节制还是禁欲？禁欲规定不允许有例外，它实际上给了你一种自由感，因为你不必与自己协商何时开始、何时停止、何时感到满足。节制是当你接受一定程度的偏差时，只要你能达到事先设定的目标和里程碑就可以。这里也有自由，因为你可以放纵自己，不会觉得自己错过了任何东西。

- 同伴压力可以是积极的。可悲的事实是，我们是物质和社会环境的产物。对于社会环境来说，我们周围的人有时可以成就我们，也可以毁了我们。因此，我们可以构建我们的社交圈，帮助我们变得更加自律。你可以利用

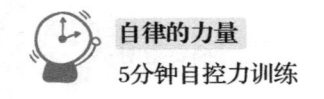

负责的同伴、榜样、导师和教师。你也可以进入黑暗面，利用公众羞耻和尴尬的负面情绪来让你承担责任。毕竟，与吃我们最喜欢的食物相比，我们会更努力地工作来避免脸上挨拳头。

- 冲动是自律的对立面。它是不可预测的推动力，随时都有可能占据上风。研究表明，在情绪反应过程中，冲动会更强烈。因此，与冲动做斗争就是把尽可能多的时间放在情绪反应和你给出的实际反应之间，换句话说，就是拖延战术。你可以利用"10"的力量，给你的感觉贴上标签，写下事实而不考虑你的个人观点，然后问5次"为什么"来理解冲动的根源。